O TEMPO,
O TEMPO LINGUÍSTICO
E O TEMPO VERBAL

PROPRIEDADES E RELAÇÕES

Conselho Acadêmico
Ataliba Teixeira de Castilho
Carlos Eduardo Lins da Silva
José Luiz Fiorin
Magda Soares
Pedro Paulo Funari
Rosângela Doin de Almeida
Tania Regina de Luca

Proibida a reprodução total ou parcial em qualquer mídia
sem a autorização escrita da editora.
Os infratores estão sujeitos às penas da lei.

A Editora não é responsável pelo conteúdo deste livro.
A Autora conhece os fatos narrados, pelos quais é responsável,
assim como se responsabiliza pelos juízos emitidos.

Consulte nosso catálogo completo e últimos lançamentos em **www.editoracontexto.com.br**.

O TEMPO,
O TEMPO LINGUÍSTICO
E O TEMPO VERBAL
PROPRIEDADES E RELAÇÕES

JUSSARA ABRAÇADO

Copyright © 2020 da Autora

Todos os direitos desta edição reservados à Editora Contexto
(Editora Pinsky Ltda.)

Montagem de capa e diagramação
Gustavo S. Vilas Boas

Preparação de textos
Lilian Aquino

Revisão
Daniela Marini Iwamoto

Dados Internacionais de Catalogação na Publicação (CIP)

Abraçado, Jussara
O tempo, o tempo linguístico e o tempo verbal : propriedades
e relações / Jussara Abraçado. – São Paulo : Contexto, 2020.
128 p.

Bibliografia
ISBN 978-65-5541-014-3

1. Linguística 2. Linguagem
3. Língua portuguesa – Tempo verbal I. Título

20-2064   CDD 410

Angélica Ilacqua CRB-8/7057

Índice para catálogo sistemático: 1. Linguística

2020

EDITORA CONTEXTO
Diretor editorial: *Jaime Pinsky*

Rua Dr. José Elias, 520 – Alto da Lapa
05083-030 – São Paulo – SP
PABX: (11) 3832 5838
contexto@editoracontexto.com.br
www.editoracontexto.com.br

Aos meus orientadores, Marco Antônio de Oliveira, no mestrado, e Maria Cecília de Magalhães Mollica, no doutorado, por terem guiado os meus primeiros passos em direção à pesquisa linguística e por terem despertado em mim a pesquisadora que eu não sabia existir.

Aos meus supervisores de estágios de pós-doutoramento, Margarida Salomão e Augusto Soares da Silva, por terem me apresentado à Linguística Cognitiva e, assim, impulsionado minha pesquisa sobre a dêixis e, por conseguinte, sobre o tempo linguístico.

À Capes, pela bolsa de pós-doutoramento, e ao CNPq, pela bolsa de produtividade em pesquisa, que propiciaram o desenvolvimento de estudos dos quais se originou esta obra.

A minha família.

SUMÁRIO

INTRODUÇÃO 9

O QUE É O TEMPO? 13

O TEMPO LINGUÍSTICO EM ESTUDO 27

A EXPRESSÃO LINGUÍSTICA DO TEMPO 49

O TEMPO VERBAL 57
    O aspecto e o tempo verbal 63
    Os modos verbais e a concepção da realidade 69
    O tempo verbal presente 75
    O tempo verbal passado 90
    O tempo verbal futuro 100

CONSIDERAÇÕES FINAIS 115

EXERCÍCIOS 119

BIBLIOGRAFIA 121

A AUTORA 127

INTRODUÇÃO

Há muito o tempo vem sendo estudado e ainda há muito a se investigar acerca do tempo. Independentemente da abordagem e da perspectiva teórica adotada, o tempo continua desafiando a ciência e os estudiosos que o tomam como objeto de investigação. Klein (2009a), referindo-se a algumas das formas pelas quais os filósofos analisaram o tempo, diz que, apesar de diferentes, elas podem não ser mutuamente exclusivas. E acrescenta que, como não há clareza no que diz respeito ao objeto de suas reflexões, não se pode afirmar que os filósofos tenham tido como alvo a mesma entidade ou não. Voltando-se para a pesquisa científica, o autor assinala que, contrariando-se a expectativa de se encontrar definição palpável de tempo, há na física pelo menos "três abordagens para essa quimera" (Klein, 2009a: 9).

Nesta obra, vamos retomar as reflexões de filósofos e físicos sobre o tempo. Mas a nós interessa, particularmente, o tempo sob o viés linguístico e, portanto, será sob essa perspectiva que a abordagem do tempo merecerá mais atenção. Na esteira de Klein (2009a), julgamos que, embora o tempo seja objeto de estudo da Filosofia, da Física e da Linguística, não há como afirmar inconteste que as três vertentes estejam estudando exatamente a mesma entidade. É bem provável que não.

Objeto de nosso interesse, o tempo linguístico, indubitavelmente, instiga os estudiosos que se esmeram em entender e explicar o seu caráter eminentemente fluido. O ir e vir do tempo e no tempo que, por enquanto, somente as máquinas do tempo em filmes de ficção científica tornam viável há muito foi concretizado linguisticamente. Nas próximas páginas, vamos voltar e avançar no tempo com o intuito de entender o próprio tempo e, em especial, o tempo linguístico. Vamos buscar, conforme destaca o título desta obra, desvelar as propriedades e relações entre o tempo, o tempo linguístico e o tempo verbal.

Para tanto, no primeiro capítulo, recorrendo a filósofos, físicos e linguistas, vamos em busca de respostas para a pergunta de Santo Agostinho: O que é o tempo? Daí em diante, nos capítulos seguintes, apenas os estudiosos da linguagem terão voz, porque vamos falar do tempo linguístico e de toda complexidade que o envolve. Sendo assim, vamos iniciar uma trajetória rumo ao âmago do tempo linguístico, ou seja, ao tempo verbal. Falaremos de forma mais ampla sobre o tempo linguístico no segundo capítulo para, no terceiro, abordar a expressão linguística do tempo. Continuando em nosso percurso, no quarto capítulo, vamos tratar do tempo verbal, começando por suas relações com o aspecto e o modo verbais. Depois, vamos falar dos segredos do tempo verbal presente e do seu uso para se referir tanto ao passado quanto ao futuro, e também do tempo verbal passado e de suas camadas, e ainda do tempo verbal futuro e de sua inerente instabilidade.

Vamos, enfim, realizar uma viagem no tempo sobre o tempo, esperando alcançar um entendimento mais aprofundado desse nosso fascinante e desafiador objeto de estudo!

O QUE É O TEMPO?

A experiência com o tempo e a necessidade de ajustarmos nossas vidas ao passar do tempo são tão antigas quanto a própria humanidade. Klein (2009a) nos fala sobre algumas dessas experiências, como o nascer e o pôr do sol, a mudança de posição da lua em intervalos regulares e, ainda, como os humanos e outros animais passam a existir, crescem, desvanecem e desaparecem. Agimos aqui e agora, mas também nos lembramos de ações nossas do passado e ainda fazemos planos de ações futuras. Conforme explica o autor, alguns desses eventos,[1] como o ir e vir das estações, são cíclicos, ou seja, repetem-se em intervalos vistos como similares. Outros eventos, contudo, como o primeiro amor, o nascimento de um filho ou mesmo a morte de uma avó, não são considerados cíclicos. Embora presente em todas as culturas e sociedades humanas de que temos notícias, há maneiras diferentes de reagir a essa natureza temporal da experiência:

– Primeiro, as ações são planejadas e executadas de acordo – há um tempo para plantar e um tempo para colher; um tempo para derrubar e um tempo para construir; um tempo para chorar e um tempo para dançar, como diz o Pregador na Bíblia.

– Segundo, métodos para medir o tempo são inventados. Isso é feito por meio de vinculação a algum evento – o evento cuja duração queremos medir – a algum outro tipo de evento que supostamente ocorre em intervalos regulares, como a sequência das estações, o pôr e o nascer do sol, o balanço de um pêndulo, a oscilação de um cristal de quartzo; o resultado são calendários e relógios (Bruton, 1993; Landes, 1983; Richards, 1998).

– Terceiro, nós falamos sobre o tempo. Todas as línguas humanas desenvolveram vários dispositivos para esse fim e, em algumas delas, a marcação do tempo é praticamente obrigatória. Em inglês, como em todas as línguas indo-europeias, o verbo finito regularmente expressa "tempo" – isto é, a sentença não apenas descreve algum evento, processo ou estado. Também coloca essa situação no passado, presente ou futuro [...] (Klein, 2009a: 5).

Em resumo, todos nós adaptamos nossas vidas ao tempo, falamos sobre o tempo e, portanto, entendemos como o tempo é. Mas, afinal, o que é o tempo?

Desde a Antiguidade, o tempo tem sido objeto de reflexão. E como não poderia deixar de ser, foi objeto de reflexão de diversos filósofos, entre os quais se destaca Platão (428 a.C.-347 a.C.). A concepção platônica do tempo pode ser encontrada no *Timeu*, obra em que o filósofo grego apresenta

> uma contraposição entre aquilo que nunca se transforma e sempre "é", que pode ser apreendido pela razão e pela inteligência, e as coisas que sempre mudam e nunca "são", a respeito das quais temos somente um conhecimento temporário e imperfeito: a "opinião". Na primeira categoria estariam Deus e as ideias. (Martins, 2004: 66)

O Deus platônico, então, está fora do tempo, é "eterno"; não tem passado, presente ou futuro. Por ser perfeito, Deus não poderia mudar. Criou o universo e o tempo, sendo o tempo "uma espécie de 'imagem móbil da eternidade', fazendo a ligação entre o universo criado – sujeito à mudança – e seu modelo" (Martins, 2004: 64).

Enquanto o espaço, para Platão, é a base de toda a matéria e uma estrutura existente por si só, o tempo estaria na ordem visível das coisas, tendo sido criado juntamente com o universo e o movimento. Na visão platônica, um ponto importante a ser destacado é a maneira como a ideia de tempo é associada à ideia de mudança, "enquanto a 'eternidade' atemporal é caracterizada pela imutabilidade" (Martins, 2004: 64).

Avançando no tempo, um marco da trajetória de pesquisas sobre o tempo, segundo Reis (1996), são os estudos de Aristóteles (384 a.C.-322 a.C.), pois é a partir de seu tratado sobre o tempo que outros estudiosos definem, positiva ou negativamente, suas respectivas posições no que concerne ao tema. Embora influenciada por Platão, a concepção aristotélica do tempo é diferente da platônica em muitos aspectos. Conforme detalha Reis (1996), para Aristóteles, tempo e movimento encontram-se intimamente relacionados, mas não podem ser identificados um com o outro. Ademais, o tempo é passível de divisão, sendo composto de passado e futuro: o passado como o que já foi e não é mais e não pode tornar a ser; o futuro como instância do tempo que ainda não é, portanto, está em devir; o presente como aquilo que ainda não é e ainda não foi. O presente, assim, constitui o limite que separa passado e futuro: o agora. Sob tal perspectiva, temos conhecimento do tempo porque vemos que o tempo passa à medida que o movimento acontece. O tempo, por conseguinte, é entendido como a quantidade de movimento segundo 'um antes' e 'um depois'. O passado e o futuro, portanto, são ligados por um 'agora' que, embora não seja o tempo em sua totalidade, permite-nos estudá-lo, uma vez que, em sua totalidade, por ser ilimitado, o tempo não pode ser captado pela mente humana. De acordo com Aristóteles (2006, Phys IV 10217 b35), "O tempo não é, porque ele será ou já foi". Para o filósofo, o 'agora' não tem extensão, mas tem qualidade, sendo o 'agora' uma qualidade do tempo e não uma quantidade.

Klein (2009a: 14) indaga: "O que é o 'agora' que separa o passado do futuro e nos permite definir o que é presente?" O autor considera que tal indagação tem afligido filósofos de Aristóteles a McTaggart.

McTaggart (1886-1925), considerado o principal personagem do idealismo britânico, desenvolveu seu próprio sistema metafísico e tornou-se famoso pelo seu argumento contra a tese da realidade do tempo. Em um célebre artigo intitulado *The Unreality of Time* (*A irrealidade do tempo*), argumenta que nossa percepção do tempo é uma ilusão e que o tempo é meramente ideal.

A questão referente ao 'agora', entendido como o tempo presente, emana de sua natureza fugidia:

> Primeiro, ele "muda" permanentemente: não há um único agora, há infinitamente muitos agoras. Mas há sempre um agora especial – o agora agora, por assim dizer. Então, como o agora é definido em contraste com todos os outros agoras? Segundo, o "agora" supostamente não tem extensão, portanto não tem duração (e, no sentido de tempo físico, não é de forma alguma tempo: sem duração, não há tempo). Se isso for verdade, então não pode haver presente. Mas se não houver presente, parece fazer pouco sentido falar do passado e do futuro. Argumentos desse tipo levaram à ideia de que o tempo não é "real", uma posição realmente tomada por filósofos da antiguidade até McTaggart. (Klein, 2009a: 14)

Voltando no tempo, Plotino (204-270), considerado o último dos grandes filósofos da Antiguidade e representante do chamado neoplatonismo, nome dado ao ressurgimento das ideias de Platão no início da era cristã, opõe-se à visão aristotélica de tempo. Para ele, o tempo mede o movimento uma vez que pode medir a duração em que esse movimento ocorre. Sendo assim, para Plotino, todo movimento acontece no tempo e "Não é necessário que se o meça para que exista; tudo tem a sua duração, mesmo que essa duração não seja medida" (Plotino, apud Piettre, 1997: 26).

Na visão de Plotino, que influenciou Santo Agostinho e outros teólogos cristãos posteriores, existem três tempos: o presente atual, que, na verdade, já pertenceria ao passado, o presente do passado, a que ele chama memória, e o presente do futuro, apenas imaginado por nossa esperança ou nosso medo (Borges, 1980).

Sobre as considerações de Santo Agostinho (354-430) referentes ao tempo, que costumam ser bastante lembradas em trabalhos que tratam desse tema, Martins (2004) nos conta que

> Agostinho foi seguidor da corrente neoplatônica, antes de abraçar o cristianismo em 386. Sua visão sobre o tempo, manifesta principalmente nas obras *A cidade de Deus* e *Confissões*, foi influenciada principalmente por Platão e Plotino.
>
> Em suas *Confissões*, Agostinho discorre longamente sobre o tempo, partindo de uma indagação de natureza

religiosa: "o que estaria fazendo Deus antes da criação?". Sua conclusão – que o aproxima da visão platônica – é que o *próprio tempo* passou a existir no momento da criação, pois não há sentido pensarmos em "antes" onde não havia tempo. A partir disso, Agostinho tenta responder "o que é o tempo?". (Martins, 2004: 66)

No entendimento de Santo Agostinho, o passado já não existe, o futuro ainda não veio e não se pode atribuir realidade ao presente, porque o presente não tem nenhuma duração:

> Se pudermos conceber um espaço de tempo que não seja suscetível de ser subdividido em mais partes, por mais pequeninas que sejam, só a esse podemos chamar tempo presente. Mas este voa tão rapidamente do futuro ao passado, que não tem nenhuma duração. Se a tivesse, dividir-se-ia em passado e futuro. Logo, o tempo presente não tem nenhum espaço. (Agostinho, apud Martins, 2004: 66)

Apesar de conceber o presente como não tendo duração, Santo Agostinho admite "que podemos comparar intervalos de tempo, na música ou na poesia, e dizer, por exemplo, que uma sílaba tem o dobro de tempo de outra" (Martins, 2004: 66-7). A medida do tempo, em seu entender, tem como base uma atividade da mente e não o movimento dos astros ou a 'alma do mundo'. Conforme nos explica Martins (2004), para Santo Agostinho, as lembranças passadas deixam vestígios em nosso espírito, e a memória evoca essas visões *no presente*. Da mesma forma, as visões futuras são prognósticos de coisas presentes que já existem, não existindo *de fato*. O *nosso espírito* mede os tempos, sendo capaz de realizar uma "distensão" em direção ao futuro (pela antecipação) e ao passado (pela memória).

Embora se afaste da associação entre tempo e movimento, Agostinho aproxima-se de Aristóteles ao considerar o espírito humano como senhor da mensuração temporal. E, mesmo que não adote a ideia de "alma do mundo", aproxima-se também de Plotino ao propor uma nova terminologia, com três "tempos": presente das coisas passadas, presente das presentes, e presente das futuras.

Um último ponto a ressaltar, mas não menos importante, é o combate que Agostinho faz às doutrinas de "tempo cíclico", dominantes durante toda a Antiguidade e boa parte da Idade Média. O "tempo linear" é uma característica marcante de nossa herança judaico-cristã, influenciando decisivamente a visão ocidental do tempo. (Martins, 2004: 67)

Com o nascimento da ciência moderna, o tempo passou a ser objeto de estudo da Matemática e da Física. Um dos nomes marcantes nessa seara é o de Galileu (1564-1642), cuja influência foi decisiva na superação da "física aristotélica", segundo Martins (2004), por inaugurar a descrição dos movimentos terrestres a partir das ideias de relatividade dos movimentos, movimento compartilhado e composição de movimentos,

> Galileu foi o responsável pelo estabelecimento da lei de queda dos corpos, segundo a qual os incrementos de velocidade de um corpo em queda, próximo à superfície da Terra, são diretamente proporcionais ao tempo transcorrido. Ao compreender essa dependência temporal e não espacial – da velocidade de queda, ele introduz de modo definitivo o tempo no estudo dos movimentos. (Martins, 2004: 68)

Por defender o tempo como uma quantidade mensurável, Galileu buscou demonstrar, em vários teoremas e proposições, como fazer para mensurá-lo. Na concepção galileana, o tempo é contínuo, com infinitos instantes: uma grandeza contínua constituída por uma infinidade de elementos infinitamente pequenos e, portanto, indivisíveis. Em outras palavras, o tempo seria divisível, porém composto por indivisíveis (Martins, 2004: 69).

Newton (1643-1727), por sua vez, elevou o tempo à categoria de um absoluto, separando-o de sua medida. Para Newton,

> o tempo não implica movimento, na medida em que é absoluto [...]; como tampouco indica repouso; quer as coisas se movam ou estejam paradas, quer durmamos ou estejamos despertos, o Tempo segue a natureza uniforme de seu curso. (Newton, apud Whitrow, 1993: 146-7)

A analogia de sua concepção do tempo com uma linha reta deixa-se notar quando Newton se refere ao tempo como tendo apenas comprimento. Para ele, o tempo é similar em todas as suas partes e pode ser visto como sendo constituído por simples adição de sucessivos instantes ou como um fluxo contínuo de um instante.

Einstein (1879-1955), com seu primeiro postulado, quebra o paradigma da mecânica de Newton, ao afirmar que as leis da Física são as mesmas em qualquer referencial inercial, não existindo, por conseguinte, um referencial absoluto. Além do mais, em seu segundo postulado, Einstein diz que a velocidade da luz que se propaga no vácuo é a mesma em qualquer referencial inercial e em qualquer direção. Com Einstein, o tempo físico é relativizado.

Em referência às contribuições de Newton, com seu tempo absoluto, e de Einstein, com a concepção plural da relatividade do tempo, Nunes (1995) assevera:

> Newton, no século XVII, separou o tempo relativo, "aparente e vulgar", do tempo absoluto, "verdadeiro e matemático", cujo funcionamento seria uniforme em correlação com o espaço. Já no século XX, o tempo físico foi relativizado por Einstein, que levou em conta acontecimentos simultâneos. Dessa forma, em vez do relógio universal e único proposto por Newton, Einstein formulou a ideia de interdependência do espaço e do tempo admitindo um relógio para cada sistema de relação entre eventos e cada porção do espaço. (1995: 18)

O QUE É O TEMPO?

Em decorrência desses estudos, surgiu a noção de tempo cronológico, organizado através de calendários. O conceito desse tempo público, segundo Nunes (1995), apresenta recortes ligados a fenômenos socioculturais, entre os quais estão o tempo litúrgico, usado em celebrações religiosas, e o tempo histórico, usado para marcar períodos de determinados acontecimentos socialmente relevantes.

Já em meados do século XX, tendo a lógica como referência, Reichenbach (1948) postula uma interpretação temporal aplicada às línguas naturais. Reichenbach, em função de sua experiência no ensino, tanto de lógica quanto de línguas estrangeiras, foi o primeiro, segundo Corôa (2005), a formalizar uma interpretação temporal das línguas naturais, levando em consideração três pontos teóricos na linha do tempo que permitem ao analista representar o tempo tridimensionalmente: *event (E) – momento do evento, reference (R) – ponto de referência* e *speech (S) – momento da fala*. Reichenbach, conforme veremos mais adiante, propõe nove fórmulas, resultantes da combinação dos três pontos referidos, destacando que a totalidade de suas combinações nunca ocorre em uma língua natural. A esse respeito, Corôa (2005) diz que as reais combinações de cada língua são desenvolvidas historicamente, embora sejam mantidas as relações lógicas com a tripartição de pontos, conforme proposta de Reichenbach (1948).

Chegamos, assim, ao tempo linguístico. De acordo com Fiorin (1996),

> A marcha da reflexão sobre o tempo começa como mito, dá lugar à filosofia, que estabelece as bases da compreensão do tempo físico, e, ao perceber a sutileza e a complexidade da experiência temporal humana, desemboca na análise linguística. O tempo é uma categoria da linguagem, pois é intrínseco à narração, mas cada língua manifesta-o diferentemente. (Fiorin, 1996: 141-142)

As situações, no tempo linguístico, são ordenadas a partir do presente da enunciação, que é o eixo temporal discursivo (Nunes, 1995: 22). Dessa forma, é possível falar sobre o que está acontecendo, o que já aconteceu ou o que acontecerá, tomando-se como referência o momento da fala – o referencial temporal da linguagem. É tendo como base o EU/TU-AQUI-AGORA da enunciação, que se estabelecem o daqui a pouco, o hoje, o ontem, o amanhã etc., evidenciando-se, assim, a natureza dêitica do tempo. Conforme destaca Fonseca (1996: 443),

> O *tempo*, tal como o concebemos através da linguagem, é de natureza dêitica: *presente, passado* e *futuro* não são noções absolutas, são relativas ao momento de enunciação. A interpretação semântica de advérbios temporais como hoje, ontem, amanhã, ou de

tempos verbais como estou, estive, estarei, pressupõe uma prévia identificação pragmática do momento de enunciação [...].

Na mesma direção, Marçalo e Lima-Hernandes (2010) acrescentam:

> o tempo assim compreendido [...] organiza-se em torno do ponto deítico da enunciação que designa o ponto temporal e espacial em que o falante está situado no momento em que fala (T°). Aos acontecimentos linguísticos que ocorrem no momento em que o falante produz o enunciado atribuímos o tempo presente. Por conseguinte, os outros tempos subdividem-se, conforme a localização que têm com o presente, em: passado (que situa acontecimentos linguísticos antes do momento em que se fala), e o futuro (que situa os acontecimentos linguísticos depois do momento em que se fala). (Marçalo e Lima-Hernandes, 2010: 7)

Antes de nos atermos aos estudos sobre o tempo linguístico, julgamos importante assinalar as acepções relacionadas ao termo "tempo" na literatura especializada. Como esclarece Gonçalves (2013), o inglês faz a distinção entre o tempo físico, tratado cronologicamente (*time*) e o tempo linguístico (*tense*). Contudo, nas línguas românicas,

> podemos evidenciar certa confusão entre *time* e *tense*, uma vez que não há distinção lexical entre essas duas categorias. Em português, por exemplo, temos o vocábulo *tempo* para assinalar duas categorias distintas, assim como *temps*, em francês, e *tiempo*, em espanhol. O inglês, no entanto, faz essa distinção, em que *tense* (tempo linguístico) contrapõe-se a *time* (ambivalente para os tempos crônico e físico). Em alemão, *Tempus* designa o tempo linguístico, contrapondo-se a *Zeit*, referente aos tempos crônico e físico. (Gonçalves, 2013: 27)

Para driblar a ambiguidade do termo "tempo" nas línguas românicas, os autores costumam especificar – como *tempo gramatical, tempo verbal, tempo morfológico* etc. – suas referências ao tempo linguístico gramaticalizado, expresso por morfemas verbais. Dito isso, vamos prosseguir em nossa trajetória rumo à essência do tempo linguístico, esclarecendo que daremos preferência ao rótulo *tempo verbal*, embora outros rótulos, quando fizermos menção a trabalhos de autores diversos, possam figurar em referência ao tempo morfologicamente expresso nas formas verbais.

Nota

[1] Neste texto, utilizaremos, preferencialmente, o termo *situação* para nos referirmos a eventos, estado de coisas, fatos etc. passados, presentes ou futuros. Preservaremos, contudo, referências feitas por outros autores a eventos, fatos, ações, acontecimentos etc.

O TEMPO LINGUÍSTICO
EM ESTUDO

Iagallo (2010), a exemplo de outros autores, ressalta que

> a noção de tempo na linguagem é tratada pelos falantes como algo óbvio, a respeito do qual não precisam mais conhecimentos do que os que já têm, com uma simples observação sobre a linguagem. Em outras palavras, apesar da complexidade da noção linguística de tempo, os falantes não apresentam dificuldades para falar, nem para entender essa noção. Sua complexidade aparece somente quando o linguista começa a explorar todas as suas implicações. (2010: 11)

Em verdade, como pontua a autora,

> Basta um único olhar linguístico em um texto que seja maior que uma oração – mesmo que seja um texto pequeno – para que ele nos revele estruturas "arquitetônicas" de tempo [...]. Ao refletirmos linguisticamente sobre um texto, percebemos que a nossa capacidade de localizar e imaginar na "linha do tempo" os enunciados que lemos necessita de vários níveis de compreensão. (Iagallo, 2010: 11)

Fiorin (1996), discorrendo sobre *As astúcias da enunciação*, chama a atenção para a *sistematicidade na instabilidade*, ao alegar que

> Os tempos, no discurso, fogem das rígidas convenções do sistema, mesclam-se, superpõem-se, perseguem uns aos outros, servem de contraponto uns aos outros, afastam-se, aproximam-se, combinam-se, sucedem-se num imbricado jogo de articulações e de efeitos de sentido. No entanto, como no contraponto, obedecem a regras, a coerções semânticas. O discurso cria o cosmo e abomina o caos. (1996: 229)

Fato é que, em oposição à naturalidade com que lidamos com o tempo na linguagem, a complexidade observada nos enunciados que produzimos, e inerente à própria noção de tempo, sugere que a compreensão do que vem a ser o tempo linguístico não está nos enunciados produzidos propriamente ditos, mas na cognição humana.

Klein (2009b) ressalta que a experiência do tempo é fundamental para a cognição e ação humanas. E assim sendo, todas as línguas conhecidas desenvolveram meios para codificar o tempo. Em muitas línguas, a expressão do tempo linguístico é gramaticalizada e, portanto, marcada morfologicamente no verbo. Em outras, no entanto, como o chinês e o malaio, a expressão do tempo é feita através de recursos como o uso de advérbios ou de partículas dêiticas.

Ainda que gramaticalizado e morfologicamente expresso no verbo, o tempo linguístico, explica Lyons (1971; 1977), não deixa de ser uma categoria dêitica, embora a doutrina tradicional, reclama o autor, tenda a tratar o tempo verbal como uma categoria flexional que se realiza nas variações morfológicas do verbo.

Além de chamar a atenção para sua natureza dêitica, Lyons (1971) destaca que o tempo verbal não se fundamenta simplesmente na oposição entre passado, presente e futuro, acrescentando que o tempo é expresso na língua como o momento do enunciado, ou seja, o "agora", podendo o "agora" estar relacionado tanto ao passado quanto ao futuro. Daí, resultariam distinções entre: (i) passado e não passado, (ii) presente e não presente e (iii) futuro próximo, futuro não próximo e futuro remoto.

Benveniste (1989), por seu turno, explica a natureza do tempo linguístico, tomando como base a Teoria da Enunciação por ele formulada. No âmbito de sua teoria, define enunciação como o "colocar em funcionamento a língua por um ato individual de utilização" (1989: 82) e institui a instância da enunciação composta pelas categorias de pessoa, espaço e tempo. A enunciação, portanto, é caracterizada por ele como a instância do *eu, aqui* e *agora*.

Fiorin (2017) refere-se à teoria da enunciação de Benveniste (1989) nos seguintes termos:

> Quando produz um ato de fala, o enunciador apropria-se do conhecimento linguístico e, ao fazê-lo, institui-se como "eu". "Eu" é quem diz "eu", quem toma a palavra. Então, o ato de dizer estabelece um "eu" e, ao mesmo tempo, como esse "eu" fala para alguém, ele constitui simultaneamente um "tu". Esse "eu" fala num determinado espaço, que é o "aqui", o lugar do "eu". A partir desse marco espacial, são estabelecidas todas as diferenças de espaço: por exemplo, em português, *aqui, ali, lá, acolá*, etc. Além de falar num dado espaço, o "eu" fala num certo tempo, o "agora". O "agora" é o momento da fala. "Agora" é o momento em que o "eu" toma a palavra. Benveniste vai dizer que o tempo linguístico é radicalmente diferente do tempo físico e do tempo cronológico, porque o tempo linguístico se constitui na e pela linguagem, ou seja, o "agora" é o momento em que se toma a palavra, não importando em qual momento do tempo físico ele esteja colocado (2017: 971-2).

Com efeito, Benveniste descreve o tempo como uma categoria com as seguintes subdivisões:

O TEMPO LINGUÍSTICO EM ESTUDO

(i) Tempo Físico: refere-se a uma ideia puramente linear, é segmentável e segue apenas uma direção, não é necessariamente influenciado pelos eventos e acontecimentos da vida humana.

(ii) Tempo Crônico: é o tempo dos acontecimentos, corresponde ao tempo cronológico, engloba nossa própria vida, no que diz respeito à sequência de acontecimentos, é utilizado na localização da humanidade no eixo histórico, em termos de "séculos", "anos", "meses" etc.

(iii) Tempo Linguístico: está "organicamente ligado ao exercício da fala", é responsável pela representação linguística tanto do Tempo Físico quanto do Tempo Crônico (Benveniste, 1989: 74).

Conforme nos esclarece Benveniste, a diferença básica entre tempo físico e tempo crônico concentra-se na direcionalidade das linhas que os norteiam: o tempo físico é sempre unidirecional, o tempo crônico, por sua vez, é bidirecional e ligado ao momento histórico como ponto estativo.

Gonçalves (2013), atendo-se ao tempo crônico postulado por Benveniste (1989), diz que

> É por meio do Tempo Crônico que podemos nos localizar em algum ponto da história, tomando como referência algum "ponto" ou "eixo estativo". Se tomarmos como referência o nascimento de Cristo,

nossa localização corresponderá a dois milênios, ou seja, o ponto estativo tomado será o início da Era Cristã. (2013: 29)

O Tempo Linguístico, por seu turno, tem como referência o momento da fala, que serve de base para a organização do que vem antes (passado) e do que vem depois (futuro). Para Benveniste (1989), assim como o ponto estativo está para o Tempo Crônico, o momento da fala está para o Tempo Linguístico. O autor propõe as seguintes representações para o Tempo Físico, Tempo Crônico e Tempo Linguístico:

Fig. 1 – Tempo Físico

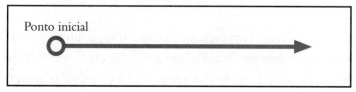

Fonte: Benveniste, 1989.

Fig. 2 – Tempo Crônico

Fonte: Benveniste, 1989.

Fig. 3 –Tempo Linguístico

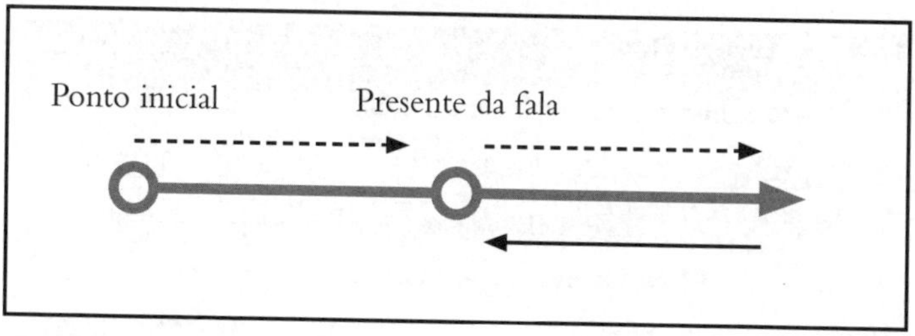

Ponto inicial   **Presente da fala**

Fonte: Benveniste, 1989.

De acordo com Corôa (2005), outro ponto de vista para explicar o tempo linguístico é aquele apresentado por Reichenbach (1948) que, conforme já mencionamos, toma em consideração três pontos teóricos na linha do tempo que permitem ao analista representar o tempo tridimensionalmente: *event (E)* – *momento do evento*, *reference (R)* – *ponto de referência* e *speech (S)* – *momento de fala*. Observemos, a seguir, a representação das combinações propostas por Reichenbach (1948), que preveem relações entre E, R e S. Na ligação entre E, R e S, os traços significam anterioridade temporal e as vírgulas, simultaneidade.

Quadro 1 – Representação dos tempos verbais segundo Reichenbach

ESTRUTURA	Denominação de Reichenbach	Denominação Tradicional
E–R–S	Passado anterior	Pretérito perfeito
E, R–S	Passado simples	Passado simples
R–E–S	Passado posterior	
R–S, E		
R–S–E		
E–S, R	Presente anterior	Presente perfeito
S, R, E	Presente simples	Presente
S, R–E	Presente posterior	Futuro simples
S–E–R	Presente anterior	
S, E–R		
E–S–R	Futuro simples	Futuro simples
S–R–E	Futuro posterior	

Fonte: Adaptado de Reichenbach, 1948: 297.

Para Reichenbach, os tempos verbais são construídos em torno de três "pontos" temporais: (i) o Momento da Fala (MF), ou tempo do acontecimento discursivo, que corresponde ao momento da "realização da fala", isto é, ao "agora" do falante; (ii) o Momento do Evento (ME), ou o tempo do enunciado, que se refere ao tempo em que ocorre o evento que é comunicado na "realização da fala"; e (iii) o Momento da Referência (MR), que se relaciona a eventos históricos e naturais, marcados pela medição das horas ou por meio de calendários.

O momento do evento, como podemos constatar, é o que se manifesta de forma mais concreta. Capta o intervalo de tempo em que ocorre o processo, evento, ação ou estado. O momento da fala, como o próprio rótulo sugere, relaciona-se ao ato comunicativo e à pessoa do discurso. O sistema de referência, por outro lado, é o mais complexo, devido a sua natureza estritamente teórica. Corôa (2005: 38) recorre a alguns exemplos que ilustram bem o Momento de Referência postulado por Reichenbach: *Em 1914 eclode a Primeira Guerra; Em 1939 eclode a Segunda Guerra; Em 2005 o Brasil vota sobre a venda de armas.* De acordo com sua explicação, os três usos do presente exemplificados são distintos. A compreensão que temos de tal distinção se deve à indicação do Momento de Referência, isto é, do ano em que tais fatos ocorreram. A cronologia entre as sentenças, portanto, é percebida por essa medida de tempo.

Gonçalves (2013) considera que, das possibilidades apresentadas por Reichenbach, o paradigma dos tempos verbais em português gramaticaliza apenas seis formas simples:

Quadro 2 – Representação dos tempos verbais no português segundo Reichenbach

Tempo Verbal	Estrutura
Pretérito Perfeito	ME–MR, MF (E–R, S)
Pretérito Imperfeito	ME, MR–MF (E, R–S)
Pretérito Mais-que-Perfeito	ME–MR–MF (E–R–S)
Presente	ME, MR, MF (E, R, S)
Futuro do Presente	MR, MF–ME (R, S–E)
Futuro do Pretérito	MR–MF–ME (R–S–E)

Fonte: Gonçalves, 2013: 32.

Embora sirva de base a muitos estudos sobre o tempo, para Binnick (apud Silva, 2002), o modelo proposto por Reichenbach apresenta alguns pontos obscuros, sendo um deles a falta de estratégias para diferenciar, na língua inglesa, o condicional perfeito (*I would have sung* – *Eu teria cantado*) do futuro perfeito (*I will have sung* – *Eu terei cantado*), uma vez que, em ambos os tempos verbais, o ME é posterior ao MF. Adicionalmente, esse modelo também não possibilita a acomodação do aspecto, mostrando-se, assim, inadequado na sistematização de outras línguas, além do próprio inglês.

Langacker (1991), num viés cognitivista,[1] aborda o tempo linguístico através de *modelos cognitivos da realidade*. Começa por focalizar a maneira como conceptualizamos situações que ocorrem no mundo. Para o autor, sempre que pensamos ou falamos sobre situações atribuímo-lhes um estatuto na realidade, ou seja, situamos a situação em questão dentro ou fora da realidade, embora concebamos a realidade como uma entidade objetiva, independente das pessoas. Ademais, temos consciência de que possuímos apenas um conhecimento limitado e fragmentado da realidade, isto é, sabemos que conhecemos certas coisas e situações, mas sabemos também que desconhecemos ou ignoramos outras e que, por assim ser, nosso conhecimento sobre determinados fatos pode ser incompleto ou até mesmo falso. Langacker (1991) acrescenta que há perspectivas diferentes e comuns de realidade: outras pessoas podem ter uma perspectiva de mundo e da realidade diferente da nossa; levando-se em conta, no entanto, que uma parte importante do nosso conhecimento do mundo é comum à espécie humana e é cultural, é possível supor que exista um grau considerável de concepções semelhantes da realidade. O autor ainda reforça que nosso conhecimento da realidade não se restringe à apreensão direta das situações, ou seja, inclui a capacidade que temos de avaliar as situações em relação à realidade. Por conseguinte, uma dada situação não pertence à realidade ou à irrealidade, tendo como base a real evolução do mundo. Cabe ao conceptualizador conhecer e aceitar tal situação como parte da sequência evolutiva. O que se verifica, então, é uma avaliação epistêmica que se torna possível graças ao reconhecimento que temos da natureza dinâmica da realidade. Sob esse viés, Langacker postula uma concepção mais abstrata e inclusiva da realidade, dado que são acrescentados, ao processo de conceptualização, aspectos relacionados ao conhecimento daquilo que não ocorreu, daquilo que poderá ocorrer e daquilo que poderia ter ou não ocorrido.

Chegamos assim às noções de *realidade básica* e de *realidade elaborada* que, segundo Langacker (1991: 35), correspondem, respectivamente, ao nível das situações, em que as situações são diretamente apreendidas, e ao nível das proposições, em que as situações são localizadas numa área específica da realidade, ou seja, em que o seu estatuto epistêmico é determinado.

Langacker (1991) ilustra as relações entre tempo e realidade com diferentes modelos estruturados do mundo (*structured world models*), que funcionam como domínios cognitivos. Apresentamos a seguir o *modelo epistêmico básico*, que corresponde à concepção da realidade em seu nível mais básico.

Fig. 4 – Modelo epistêmico básico

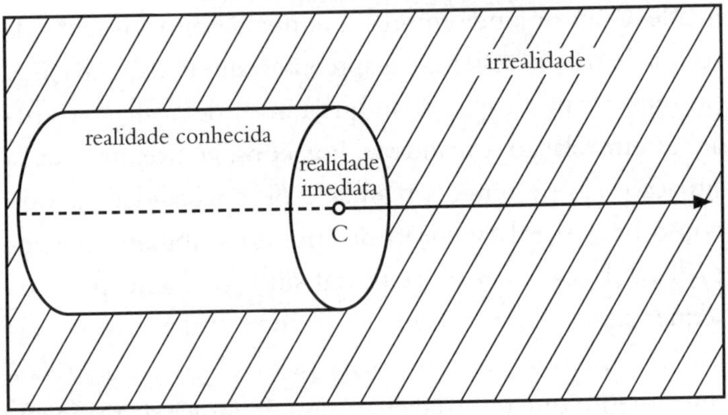

Fonte: Langacker, 1991: 242.

Nesse modelo, estão ilustradas três maneiras de encararmos as situações que ocorrem no mundo, representadas por: *realidade conhecida, realidade imediata* e *irrealidade*. Soares da Silva (inédito) explica que, no nível da realidade conhecida, encontra-se a história daquilo que acontece no mundo, incluindo as situações que estão atualmente em curso, aquelas que vemos (ou pensamos que vemos) acontecer e aquelas que já aconteceram. Acrescenta o autor que a

> realidade conhecida contém todas as situações que determinado conceptualizador aceita como reais, incluindo a realidade imediatamente disponível. Esta última (realidade imediata) funciona como ponto de vista a partir do qual o conceptualizador vê a realidade. Tudo aquilo que não é realidade conhecida é irrealidade. (Soares da Silva, inédito: 281)

Entretanto, como já mencionamos, existe também o nível da realidade elaborada, ou seja, o nível das proposições, em que as situações têm o seu estatuto epistêmico determinado, sendo situadas numa área específica da realidade.

Para dar conta de aspectos essenciais não capturados pelo modelo epistêmico básico da realidade, Langacker (1991) então apresenta outros três modelos. São eles:

> O **modelo epistêmico elaborado**, que inclui a percepção do conceptualizador (C) de que a realidade que ele conhece do mundo e de sua história evolutiva não é exaustiva; (ii) o **modelo de linha do tempo**, que incorpora dois conceitos adicionais: (1) o de tempo, especificamente concebido como o eixo ao longo do qual a realidade evolui; e (2) o de *ground*, isto é, o evento de fala e suas circunstâncias; (iii) o **modelo evolutivo dinâmico** da realidade,

que agrega a concepção da dinâmica de forças, relacionada ao momento evolutivo (*evolutionary momentum*), que possibilita, até certo ponto, previsões acerca do desenvolvimento futuro de situações, consubstanciando avaliações sobre determinados desfechos. (Abraçado, Dias e Lima-Hernandes, 2015: 277)

No modelo epistêmico elaborado, apresentado na sequência, o núcleo da realidade conhecida está envolto por uma faixa que representa a realidade desconhecida, isto é, a região em que estão as situações cuja existência o conceptualizador (C) não aceita como tendo sido estabelecida e as situações sobre as quais ele é totalmente ignorante. Cumpre destacar que, segundo Langacker, a realidade desconhecida, faz parte da irrealidade (do ponto de vista de C), e o restante desta última constitui a não realidade.

Fig. 5 – Modelo epistêmico elaborado

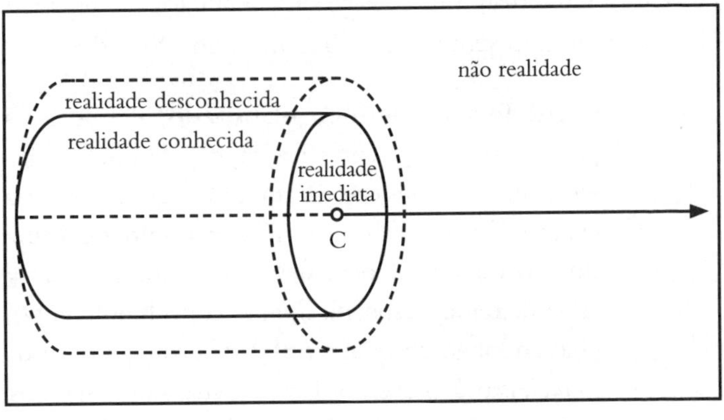

Fonte: Langacker, 1991: 244.

O terceiro modelo, também caracterizado como um aperfeiçoamento do modelo epistêmico básico, é o modelo da linha do tempo:

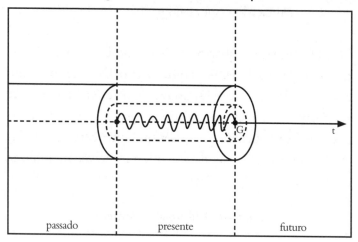

Fig. 6 – Modelo de linha do tempo

Fonte: Langacker, 1991: 244.

Nesse modelo, o autor incorpora as noções adicionais de tempo (t), o eixo ao longo do qual a realidade evolui, e a de *ground* (G), que corresponde ao ato de fala e suas circunstâncias:

> De acordo com tal modelo, o *locus* de um evento de fala nada mais é do que a realidade imediata e é a partir desse ponto de vista que falante e ouvinte conceptualizam o significado de um enunciado. Um ato de fala não é pontual. Tem uma duração

temporal breve, como indica a linha sinuosa. O tempo é segmentável em passado, presente e futuro e, uma vez que a realidade compreende o passado e o presente, e a realidade imediata constitui o presente, a realidade não imediata corresponde ao passado. (Abraçado e Souza, no prelo)

Há ainda um quarto modelo, que Langacker (1991) denomina modelo evolutivo dinâmico. De acordo com o autor, há situações predispostas a ocorrerem sempre que surgirem condições apropriadas. Sendo assim, essas situações de fato ocorrerão, a menos que uma certa quantidade de energia seja gasta para se opor a, e talvez neutralizar, a tendência para que ocorram.

Fig. 7 – Modelo evolutivo dinâmico

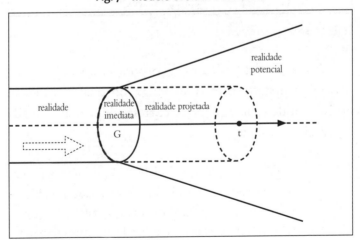

Fonte: Langacker, 1991: 277.

O TEMPO LINGUÍSTICO EM ESTUDO

Esse modelo refere-se a características da realidade que tendem a impulsioná-la para caminhos particulares no futuro e não para outros. A seta tracejada representa justamente o impulso evolutivo da realidade. Tais caminhos são considerados pelo autor como pertencentes à realidade potencial que abarca a realidade projetada. As situações cuja realização consideramos possíveis pertencem à realidade potencial. Aquelas situações que podemos prever, com maior ou menor grau de segurança, com base em experiências passadas ou presentes, pertencem à realidade projetada (Soares da Silva, inédito).

Para ilustrar as duas concepções de realidade – *realidade básica* e *realidade elaborada* –, coletamos notícias de informativos on-line referentes a uma partida de futebol. Antes de apresentá-las, cumpre destacar que os próximos e todos os demais exemplos extraídos de notícias apresentados nesta obra são provenientes de informativos on-line e foram coletados na página de resultados da ferramenta de busca Google, com a utilização do filtro correspondente a notícias. Abaixo de cada exemplo, disponibilizamos o link que permite o acesso à íntegra da notícia em destaque.

Nos exemplos seguintes, as notícias dizem respeito a um jogo de futebol ocorrido no dia anterior entre uma equipe carioca, o Flamengo, e uma equipe paulista, o Corinthians, em que o resultado foi o empate. Vejamos como três informativos on-line noticiaram a partida:

(1)

Com um a menos, Flamengo
empata com o Corinthians...

Gávea News – 21 jul. 2019 – O Flamengo apenas *empatou* com o Corinthians neste domingo (21 de julho) e perdeu grande chance de se aproximar de vez da liderança...

(Fonte: http://www.gaveanews.com/index.php/2019/07/21/com-um-a-menos-flamengo-empata-com-o-corinthians-confira-a-tabela-de-classificacao-atualizada/. Acesso em: 21 jul. 2019.)

(2)

Em gol validado com o VAR, Gabriel faz no fim e Flamengo empata com o Corinthians

Jornal de Brasília – 21 jul. 2019 – Graças a um gol de Gabriel marcado aos 39 minutos do segundo tempo, validado apenas aos 45 após a intervenção do VAR (árbitro de vídeo), o Flamengo *empatou* por 1 a 1 com o Corinthians...

(Fonte: https://istoe.com.br/em-gol-validado-com-o-var-gabriel-faz-no-fim-e-flamengo-empata-com-o-corinthians/. Acesso em: 21 jul. 2019.)

(3)

Com auxílio do VAR,
Gabigol empata e salva o Flamengo...

Super Rádio Tupi – 21 jul. 2019 - Com auxílio do VAR, Gabigol empata e salva o Flamengo da derrota [...] o Flamengo *foi* até Itaquera visitar o Corinthians e *empatou* em 1 a 1.

(Fonte: https://www.tupi.fm/campeonato-brasileiro/com-auxilio-do-var-gabigol-empata-e-salva-o-flamengo-da-derrota-para-o-corinthians/. Acesso em: 21 jul. 2019.)

Pressupondo que os repórteres esportivos assistiram ao mesmo jogo, podemos concluir que essa situação faz parte de suas concepções de *realidade básica*, nível em que as situações são apreendidas. Quando noticiaram o jogo, entretanto, descreveram-no diferentemente, com enfoques distintos e como parte da realidade anterior à *realidade imediata*, ou seja, como pertencente ao passado. Este nível, o da proposição, em que as situações são comunicadas, corresponde à *realidade elaborada*. Prestemos atenção ao uso do tempo verbal presente nas manchetes e do pretérito perfeito no texto imediatamente abaixo, ambos fazendo referência a um evento que se situa no passado. O uso bastante comum do presente para referência a eventos já ocorridos será retomado mais adiante.

Como podemos observar, a localização temporal de uma dada situação ocorre relativamente a um domínio epistêmico que envolve não somente a ocorrência (a existência) da situação em si, mas também o conhecimento dos conceptualizadores envolvidos no ato comunicativo, ou seja, do locutor e do interlocutor. Nesta perspectiva, então, quando falamos de predicações temporalmente marcadas, estamos na verdade falando de predicações epistêmicas, pois se referem ao estatuto epistêmico da situação descrita.

No que diz respeito aos tipos de realidade postulados por Langacker (1991), Soares da Silva (inédito: 284) diz que, deixando-se de lado a irrealidade, "o locutor exprime o seu juízo sobre o estatuto de realidade de uma situação servindo-se de formas da flexão do verbo ou de expressões modais". No quadro seguinte, sumariamos as relações entre tempos verbais e as diferentes concepções de realidade em português:

Quadro 3 – Tempos verbais em português e os diferentes tipos de realidade

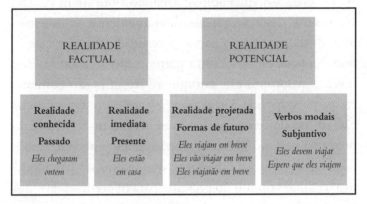

Fonte: adaptado de Soares da Silva, inédito: 285.

Diferentemente de nós, Soares da Silva (inédito) não inclui o futuro sintético na realidade projetada, situando-o junto dos verbos modais e do subjuntivo. Contudo, em pesquisa sobre a expressão do futuro em diferentes variedades do português (Abraçado, 2018), foi constatado, com base em dados coletados de jornais on-line brasileiros, portugueses, angolanos, cabo-verdianos, moçambicanos, guineenses e santomenses, que a maioria das ocorrências do futuro sintético, em todas as variedades, deram-se em referência a eventos programados, ou seja, a eventos cuja realização é previsível, conforme exemplificamos em (4):

(4)
Lista com selecionados para as creches
sairá até às **17h** *desta segunda-feira* (16)

Portal da Cidade | Paranavaí – 16 dez. 2019 – [...] a lista com os nomes dos selecionados *será* divulgada até às 17h *desta segunda-feira* (16), segundo a Prefeitura de Paranavaí.

(Fonte: https://paranavai.portaldacidade.com/noticias/educacao/selecionados-para-vagas-nas-creches-saira-ate-as-17h-desta-segunda-feira-16-2035. Acesso em: 16 dez. 2019.)

Casos como esse, que correspondem àqueles eventos predispostos a ocorrerem e que ocorrerão, a menos que imprevistos alterem a tendência para que ocorram, são característicos da realidade projetada. Diante dos resultados encontrados e, considerando que a realidade projetada é abarcada pela realidade potencial, julgamos procedente incluir o futuro sintético no âmbito da realidade projetada, conforme demonstrado no Quadro 3.

Falar sobre o tempo linguístico irremediavelmente nos leva aos recursos utilizados em sua codificação. Como vimos anteriormente, todas as línguas que conhecemos desenvolveram meios para codificar o tempo, embora, em muitas delas, a expressão do tempo não seja gramaticalizada. Vamos conhecer alguns desses meios no capítulo seguinte.

Nota

[1] Langacker, a partir de 1976, passou a desenvolver uma teoria linguística, a Gramática Cognitiva, segundo a qual a gramática é entendida como um *sistema de estruturação conceptual*: (i) envolve capacidades cognitivas gerais, como a percepção, a atenção, a categorização, a memória e os conhecimentos que temos sobre o mundo; e (ii) fundamenta-se numa semântica *enciclopédica* e em mecanismos *imaginativos*, como a metáfora, a metonímia, a mesclagem conceptual, a evocação de entidades *fictivas* etc.

A EXPRESSÃO LINGUÍSTICA DO TEMPO

Klein (2009b) chama a atenção para o fato de que, em geral, a investigação de como o tempo é codificado nas línguas naturais sofre de deficiências substanciais, entre as quais, está a inclinação para o estudo de certos recursos em detrimento de outros. De Aristóteles aos tempos atuais, reclama o autor, há um fluxo constante de pesquisas sobre o tempo verbal e *Aktionsart*. O entendimento que temos sobre a expressão do tempo, então, é profundamente moldado pelo pensamento dos filósofos gregos e pela estrutura da língua grega. E o estado da arte sobre como as línguas codificam o tempo não faz justiça ao que realmente acontece nas línguas humanas, mas reflete o que sabemos a respeito.

Nesse horizonte estreito, existem seis recursos que são regularmente utilizados para expressar o tempo nas línguas. Tais recursos, apresentados por Klein (2009b: 40-1), são resumidos a seguir:

(i) Tempo verbal que, no entendimento tradicional, serve para localizar a situação em relação ao "agora", no ato de fala.

(ii) Aspecto, que também é uma categoria gramatical do verbo e, no entendimento tradicional, tem a função de "apresentar" uma situação de um ponto de vista particular como, por exemplo, em andamento (*Eva estava fechando a porta*) ou concluída (*Eva fechou a porta*); em ambos os casos, a marcação do tempo posiciona a situação antes do momento da fala.

(iii) *Aktionsart*, ou "aspecto lexical", que, tradicionalmente, é visto como um recurso de natureza lexical que subdivide os verbos em tipos, de acordo com as propriedades temporais das situações que descrevem. Exemplificando, "dormir" descreve um "estado", enquanto "fechar" descreve um "evento".

(iv) Adverbiais de tempo, que constituem a classe mais rica de expressões temporais e que se fazem presentes em todas as línguas, o que não ocorre com o tempo verbal e o aspecto. Os adverbiais de tempo podem ser simples, como "agora", compostos morfologicamente, como em "rapidamente", ou compostos sintaticamente, como em "há muito tempo". Podem descrever características temporais bastante diversas: "agora" e "ontem", por exemplo, atuam definindo a posição na linha do tempo, "por duas horas", refere-se à duração, enquanto "raramente" remete à frequência. Há ainda muitas outras características, algumas difíceis de determinar, a que se referem os adverbiais de tempo ("ainda", "novamente" etc.).

(v) Partículas temporais, que correspondem a adverbiais de tempo, sufixos ou prefixos; exemplos bem conhecidos são as partículas chinesas "le", "zh" e "guo" que expressam algo parecido com aspecto.

(vi) Princípios do discurso como, por exemplo, um princípio da antiga retórica, chamado "hysteron proteron" (mais tarde – mais cedo) segundo o qual, em casos padrão, os eventos em uma história devem ser contados na ordem em que ocorreram. As relações temporais muito frequentemente não são expressas por palavras ou construções específicas, mas pela maneira como as sentenças são organizadas no discurso.

Em língua portuguesa, a expressão do tempo pode ser feita de diferentes formas, inclusive por intermédio de adverbiais de tempo, conforme ilustram os seguintes exemplos:

(5)

'Como criei, *há 25 anos*, o primeiro blog de viagens da história'

G1 - 29 dez. 2019 – *Há 25 anos*, nos primórdios da internet, saí da Califórnia para viajar pelo mundo sem pisar em um avião...

(Fonte: https://oglobo.globo.com/mundo/nova-zelandia-realizara-operacao-arriscada-para-resgatar-corpos-apos-erupcao-vulcanica-24133498. Acesso em: 29 dez. 2019.)

(6)

O que será *amanhã*?

Folha de Londrina (Blogue) – 30 dez. 2019 – As vozes do samba já decretaram: "Como será *amanhã*? Responda quem puder". Os versos de João Sérgio para o samba-enredo "O Amanhã", popularizado pela voz da cantora Simone...

(Disponível em: https://www.folhadelondrina.com.br/reportagem/o-que-sera-amanha-2978967e.html. Acesso em: 30 dez. 2019).

(7)

Oito coisas que todo mundo usava para ouvir música nos *anos 2000*

TechTudo – 1º set. 2019 – Para relembrar a época, o TechTudo preparou uma lista com oito coisas que todo mundo usava para ouvir música nos *anos 2000*.

(Fonte: https://www.techtudo.com.br/noticias/2019/09/oito-coisas-que-todo-mundo-usava-para-ouvir-musica-nos-anos-2000.ghtml. Acesso em: 1º set. 2019.)

(8)

O futuro das séries

IstoÉ – 20 dez. 2019 – Qualquer que seja a tecnologia a ser implantada *no futuro próximo*, as séries e suas tramas mirabolantes devem exercer um papel no destino do entretenimento...

(Fonte: https://istoe.com.br/o-futuro-das-series/. Acesso em: 20 dez. 2019.)

(9)

Por que 'constelação de satélites' preocupa astrônomos...

Época Negócios – 29 dez. 2019 – *A partir da próxima semana*, vai começar uma campanha de milhares de novos satélites à órbita da Terra...

(Fonte: https://epocanegocios.globo.com/Mundo/noticia/2019/12/por-que-constelacao-de-satelites-preocupa-astronomos-que-investigam-misterios-do-universo.html. Acesso em: 29 dez. 2019.)

Mateus, Brito e Duarte (1983) dizem que,

> no português, os tempos naturais são o presente, o passado e o futuro que exprimem uma ordenação do intervalo de tempo que contém o estado de coisas descrito relativamente ao intervalo de tempo em que ocorre a enunciação definida, respectivamente, pela relação de simultaneidade, anterioridade e posterioridade. Em enunciados descrevendo mais do que um estado de coisas a ordenação temporal é mais complexa, visto que os estados de coisas

> descritos são ordenados relativamente ao momento
> de enunciação mas, para além disso, são ordenados
> uns relativamente aos outros. (1983: 104)

Em termos gramaticais, o tempo verbal constitui a categoria principal para expressar as relações temporais. Para Cunha (1975: 368), "tempo é a variação que indica o momento em que se dá o fato expresso pelo verbo". Azeredo (2008: 180) diz que o verbo é utilizado "para a expressão das categorias de tempo, aspecto, modo, número e pessoa. Dessas cinco categorias, o tempo é a que caracteriza mais objetivamente o verbo".

Neves (2018) diz que qualquer estudo sobre o tempo verbal faz referência à existência de três tempos – o presente, o passado e o futuro – e a sua natureza dêitica, ou seja, sua relação com "a enunciação, com a situação de fala, com o 'eu' (e, assim, com o 'hoje', o 'aqui' e o 'agora' da produção do enunciado" (2018: 167). A autora explica que os tempos verbais se interpretam a partir das seguintes relações:

a. O tempo/momento da fala, ou da enunciação: é o "agora" do "eu" que fala;
b. O tempo/momento da referência: pode ser simultâneo ou não simultâneo (e anterior ou posterior) ao momento da enunciação;
c. O tempo/momento do evento, do acontecimento, do estado de coisas, processo ou estado: pode ser

simultâneo ou não simultâneo (e anterior ou posterior) ao momento da referência. (Neves, 2018: 167)

Neves (2018) exemplifica tais relações em sentenças como "Não *pude ir* à estação *ontem*", em que se pode observar que:

a. O tempo da enunciação é (como sempre) o "agora", o momento da fala;
b. O tempo da referência (registrado no texto) é <u>ontem</u>, o dia anterior da enunciação;
c. O tempo do evento é o mesmo tempo da referência: <u>ontem</u>. (2018: 167; grifos da autora)

Coan et. al. (2006), em estudo sobre as categorias verbais tempo, aspecto e modalidade, postulam a inclusão da referência no rol dessas categorias, por entenderem que a referência compõe a significação dos tempos verbais. Concebendo tempo verbal como uma categoria discursiva, as autoras justificam a inclusão da 'referência', visto que o ponto de referência determina a interpretação do tempo verbal em português. Referem-se ainda a Givón (1984), para quem, em sistemas de tempo verbal, há dois traços fundamentais na concepção da expressão do tempo: (i) traço da sequencialidade, que se refere à sucessão de pontos/momentos, e (ii) ponto de referência, que diz respeito ao tempo da performance do ato de fala:

O TEMPO, O TEMPO LINGUÍSTICO E O TEMPO VERBAL

> De acordo com Givón (1993), embora pontos de referência no passado ou no futuro sirvam à interpretação de uma determinada situação, o ponto de referência mais comum nas línguas é o tempo de fala [...]. Nesse sentido, Givón, como Lyons (1977), vê o tempo verbal como parte de um *frame* (modelo/cenário/plano) dêitico de referência temporal que gramaticaliza a relação entre o tempo da situação e o ponto zero temporal do contexto dêitico (momento de fala). (Coan et. al., 2006: 465)

Reforçando a relevância do tempo verbal na expressão das relações temporais, Comrie (1981) ressalta que, se uma dada língua dispõe de uma categoria gramatical para expressar a referência temporal, tal língua dispõe de tempo verbal. Assim sendo, vamos então falar sobre o tempo no verbo ou, em outras palavras, sobre o tempo verbal.

O TEMPO VERBAL

Para falar do tempo verbal, vamos retomar Langacker (1991 e 2003), para quem a localização de uma dada situação, em termos temporais, dá-se relativamente ao momento presente da enunciação, que funciona como *ponto de vista*, *ponto de referência* ou *centro dêitico*. Como já mencionamos e julgamos importante reiterar, na perspectiva langackeana, quando falamos de predicações temporalmente marcadas, estamos na verdade falando de predicações epistêmicas, pois referem-se ao estatuto epistêmico da situação descrita.

Langacker (1991) apresenta uma visão do significado do tempo representada no Modelo Epistêmico Elaborado (Fig. 5), de acordo com o qual o tempo verbal presente é caracterizado pela coincidência completa do enunciado com o tempo do ato de fala. O passado e o futuro são caracterizados, respectivamente, pela anterioridade e posterioridade ao tempo do ato de fala.

Nesse viés, como explica Soares da Silva (inédito):

> Dizem-se *dêiticos* os tempos verbais (e expressões adverbiais) que apontam para intervalos de tempo anteriores, simultâneos ou posteriores ao tempo do ato de fala. Mas as localizações temporais podem ter por ponto de referência não o tempo do ato de fala, mas um outro tempo, da esfera do passado ou da esfera do presente, discursivamente construído. São agora *anafóricos* estes tempos verbais (ou expressões adverbiais), mas são as mesmas as relações de anterioridade, simultaneidade e posteridade. (inédito: 296, grifos do autor)

Em português, os três tempos dêiticos estão gramaticalizados nos tempos verbais simples. Entretanto, os tempos dêiticos e as situações a que se aplicam podem servir de pontos de referência na localização temporal de outras situações:

> Resultam daqui os **tempos complexos**, os quais envolvem duas relações temporais: (i) uma relação entre o tempo do ato de fala e um tempo dêitico e (ii) uma relação entre o tempo dêitico como tempo de referência e o tempo de uma situação anterior ou posterior. A expressão gramaticalizada destes tempos complexos em português faz-se através dos chamados *tempos compostos* do verbo e de outras perífrases verbais. (Soares da Silva, inédito: 297, grifos do autor)

Vejamos a seguir, resumidamente, a formação dos tempos simples e compostos em português. Observemos no Quadro 4 como se formam os tempos simples:

Quadro 4 – Formação dos tempos simples em português

TEMPOS	DESINÊNCIAS MODO-TEMPORAIS (verbos regulares)	EXEMPLOS
INDICATIVO		
	Presente	
Presente	zero	falo; vendo; sigo
	Passado	
Pretérito perfeito	zero	falei; vendi; segui
Pretérito imperfeito	-va- (1ª conj.); -ia- (2ª e 3ª conj.)	falava; vendia; seguia
Pretérito mais-que-perfeito	-ra/re- (em sílaba átona)	falara; vendera; seguira
	Futuro	
Futuro do presente	-re-; -rá- (em sílaba tônica)	falarei; venderei; seguirei
Futuro do pretérito	-ria-; -rie-	falaria, venderia; seguiria

SUBJUNTIVO		
	Presente	
Presente	-e- (1ª conj.); -a- (2ª e 3ª conj.)	fale; venda; siga
	Passado	
Pretérito imperfeito	-sse-	falasse; vendesse; seguisse
	Futuro	
Futuro	-r-	falar; vender; seguir

Os tempos compostos, por seu turno, são formados pela combinação do verbo auxiliar *ter* ou *haver* com o particípio do verbo principal. Cumpre assinalar que a combinação com o verbo *haver* é bastante rara em algumas variedades do português. No português do Brasil tal combinação é pouco usual mesmo na modalidade escrita.

Quadro 5 – Formação dos tempos compostos em português

TEMPOS	EXEMPLOS
INDICATIVO	
Passado	
Pretérito perfeito	tenho falado; tenho vendido; tenho seguido
Pretérito mais-que-perfeito	tinha falado; tinha vendido; tinha seguido

Futuro	
Futuro do presente	terei falado; terei vendido; terei seguido
Futuro do pretérito	teria falado; teria vendido; teria seguido
SUBJUNTIVO	
Passado	
Pretérito perfeito	tenha falado; tenha vendido; tenha seguido
Pretérito mais-que-perfeito	tivesse falado; tivesse vendido; tivesse seguido
Futuro	
Futuro	tiver falado; tiver vendido; tiver seguido

Há ainda tempos compostos constituídos pelas formas nominais do verbo, ou seja, infinitivo, particípio e gerúndio. Em português, além do verbo auxiliar no infinitivo e verbo principal no particípio (*ter falado*), há também o chamado "infinitivo pessoal", de uso mais raro na modalidade oral, em que o verbo auxiliar ocorre flexionado no infinitivo pessoal (*termos falado*). Outra combinação, esta bastante usual, é a do verbo auxiliar flexionado e o verbo principal no gerúndio (*está falando*), que normalmente se refere a eventos que se desenrolam concomitantemente ao tempo do ato de fala. Excetuando-se este caso, para Soares da Silva (inédito), o que caracteriza os tempos compostos é o fato de o *ponto de vista* não ser o tempo do ato de fala:

> O que essencialmente distingue tempos simples e tempos compostos é o fato de os primeiros serem predicações de *ancoragem*, já que referem diretamente o tempo do ato de fala (ou *âncora*) para a localização temporal da situação descrita, e os outros não o serem, na medida em que não referem o ato de fala mas um ponto de referência temporal em relação ao qual a situação é localizada anterior ou posteriormente. (inédito: 297, grifos do autor)

Concluindo, os tempos verbais simples e compostos inserem-se no âmbito do *passado*, *presente* ou *futuro*. Esses três tempos básicos, em termos gerais, indicam, respectivamente, realidade passada, realidade imediata e realidade potencial, nos termos de Langacker (1991). Entretanto: (i) a relação do passado com a realidade imediata (presente) esbarra num contraste aspectual entre perfectividade e imperfectividade; (ii) no futuro, a relação intrínseca se estabelece com a modalidade, uma vez que a realidade potencial abarca a realidade projetada em que são situados eventos programados, previsíveis e esperados; (iii) como demonstrado nos Quadros 4 e 5, os tempos passado e futuro, além de figurarem no modo indicativo (*realis*), também se apresentam no modo subjuntivo (*irrealis*) e, como foi visto anteriormente, no Quadro 3, as formas verbais que pertencem ao subjuntivo, assim como os verbos modais, indicam algum grau de incerteza quanto ao estatuto de realidade da situação referida que, portanto, é conceptualizada como pertencendo à realidade potencial.

Em função do exposto, tendo em mente, contudo, que estamos lidando com categorias complexas que merecem muito mais atenção do que receberão aqui, vamos visitar rapidamente as noções de aspecto e modo verbais, para entendermos melhor as inter-relações que mantêm com o tempo verbal.

O aspecto e o tempo verbal

O aspecto verbal, segundo Castilho (2010),

> é uma propriedade da predicação que consiste em representar os graus de desenvolvimento do estado de coisas aí codificado, ou seja, as fases que ele pode compreender. O termo *aspecto*, que encerra o radical indo-europeu "*spek*, ver", capta outra propriedade dessa categoria: trata-se de um ponto de vista sobre o estado de coisas. (2010: 417, grifos do autor)

Na mesma linha, Bagno (2011: 547) diz que o aspecto exprime "o ponto de vista do falante acerca dos eventos e/ou estados de coisas que ele relata, é uma apreciação do desdobramento desses eventos".

Azeredo (2008) diz que o aspecto se refere

> à duração do processo verbal, independentemente da época que esse processo ocorre. Essa duração pode ser representada como momentânea ou contínua, eventual ou habitual, completa ou incompleta. Essas classificações, é claro, não esgotam as variações de aspecto que o processo verbal pode apresentar; servem tão só para ilustrar o conceito. (2008: 206)

Azeredo (2008) acrescenta que são três os tipos de distinção de aspecto em português razoavelmente objetivos, em termos descritivos:

> a oposição entre o conteúdo perfectivo – pretérito perfeito e mais que perfeito – e o conteúdo imperfectivo – pretérito imperfeito (ex. *jogou/jogara* X *jogava*) – a oposição entre as formas perifrásticas de *estar* + gerúndio e as respectivas formas simples (*está jogando* X *joga*), e a oposição entre as formas compostas de *ter* + particípio e as formas imperfectivas simples (ex.: *tem jogado* X *joga*). (2008: 207, grifos do autor)

Os exemplos a seguir ilustram os três tipos de distinção de aspecto em português elencados pelo autor.

(i)   Conteúdo perfectivo *vs.* imperfectivo

(10) Pretérito perfeito

**Asteroide *passou* muito próximo da Terra,
mas *deu* tudo certo**

Mega Curioso Mobile (sátira) (liberação de imprensa)
(Blogue) – 26 dez. 2019 – Na última quinta-feira (19), um
asteroide imenso chamado XO3 *passou* perto da Terra por
volta das 10h45 (horário de Brasília). De acordo com a Nasa...

(Fonte: https://www.megacurioso.com.br/ciencia/113041-asteroide-passou-muito-
proximo-da-terra-mas-deu-tudo-certo.htm. Acesso em: 26 dez. 2019.)

(11) Pretérito mais-que-perfeito

Flamengo atropela o lanterna Avaí em Brasília...

Jornal de Brasília – 7 set. 2019 – São 39 pontos em
18 rodadas, o time voltou a se isolar na liderança [...].
Nitidamente com o pé tirado do acelerador, tal qual *fizera*
diante do Palmeiras na rodada anterior...

(Fonte: https://www.folhavitoria.com.br/esportes/noticia/09/2019/flamengo-atropela-
o-lanterna-avai-em-brasilia-e-volta-a-se-isolar-na-lideranca. Acesso em: 7 set. 2019.)

(12) Pretérito imperfeito

**Oito 'gambiarras' em eletrônicos
que todo mundo *fazia* nos anos 2000**

TechTudo – 29 dez. 2019 – A seguir, o TechTudo relem-
bra "gambiarras" que quase todo mundo *fazia* nos anos
2000, seja para economizar dinheiro ou aumentar a vida...

(Fonte: https://www.techtudo.com.br/noticias/2019/12/oito-gambiarras-em-
eletronicos-que-todo-mundo-fazia-nos-anos-2000.ghtml. Acesso em: 29 dez. 2019.)

(ii)   *Estar* + gerúndio *vs.* forma imperfectiva simples

(13)

Em alta, crimes cibernéticos
devem ser denunciados

Jornal Opção – 28 dez. 2019 – Qualquer pessoa com um aparelho celular ou um computador conectado à rede consegue dizer ao mundo quem é ela, o que *está fazendo*, como se sente e do que gosta...

(Fonte: https://www.jornalopcao.com.br/reportagens/em-alta-crimes-ciberneticos-devem-ser-denunciados-228474/. Acesso em: 28 dez. 2019.)

(14)

Adoçante (qualquer tipo)
faz mais mal do que bem à saúde...

VEJA.com – 18 dez. 2019 – Pessoas que usam adoçantes artificias, como sacarina, estévia, ciclamato, aspartame, acesulfame-K, sucralose, neotame e advantame, ou consomem produtos e bebidas com esses produtos, têm maior probabilidade de ganhar peso...

(Fonte: https://veja.abril.com.br/saude/adocante-qualquer-tipo-faz-mais-mal-do-quem-bem-a-saude-define-estudo/. Acesso em: 18 dez. 2019.)

(iii)   *Ter* + particípio *vs.* forma imperfectiva simples

(15)

Alô, empresas! Que tal aprender
a não abusar do consumidor...

UOL – 6 jan. 2020 – [...] as startups podem ensinar muito para as outras empresas e, justamente por isso, corporações de todos os tamanhos *têm realizado* diversas iniciativas para explorar esse ecossistema e aprender com sua cultura.

(Fonte: https://www.uol.com.br/tilt/colunas/ricardo-cavallini/2020/01/06/alo-empresas-que-tal-aprender-a-nao-abusar-do-consumidor-com-as-startups.htm?cmpid=copiaecola. Acesso em: 6 jan. 2020.)

(16)

O movimento dos desplugados
ganha força entre os jovens

Plantão dos Lagos – 6 dez. 2019 – Um dos efeitos desse comportamento é o resgate de hábitos antigos, e não há até agora postura saudosista. Trata-se de não jogar na lata de lixo da história o que ainda tem imenso valor...

(Fonte: https://plantaodoslagos.com.br/o-movimento-dos-desplugados-ganha-forca-entre-os-jovens/. Acesso em: 6 dez. 2019.)

Como podemos constatar, aspecto e tempo são noções diferentes. No entanto, o contraste entre perfectividade e imperfectividade tem sido objeto de discussão de diversos estudos sobre o tempo passado. Bagno (2011) adverte que

> Não devemos confundir *aspecto* e *tempo*. Embora a tradição nos ensine que pretérito perfeito e pretérito imperfeito são dois "tempos" diferentes, a coisa não

é bem assim. O que esses "tempos" supostamente diferentes incorporam, na verdade, é o aspecto, embora na nossa língua essa incorporação não seja tão sistemática e completa. (2011: 548, grifos do autor)

Em sua explanação, Neves (2018) chama a atenção para o fato de a flexão verbal ser também aspectual:

A flexão verbal que se costuma chamar de modo-temporal também é aspectual, isto é, também exprime aspecto.

Assim, por exemplo,
• o pretérito perfeito e o mais-que-perfeito do indicativo trazem, no geral, a noção de "acabado", "completado" (perfectivo);
• o presente e o pretérito imperfeito do indicativo trazem, no geral, a noção de "não acabado", "não completado" (imperfectivo);
• essas são noções aspectuais e não temporais. (2018: 190)

Concluímos, então, tomando emprestadas as palavras de Klein (2009b):

em princípio, tempo e aspecto são independentes um do outro, uma vez que, o mesmo contraste aspectual pode ser encontrado em diferentes tempos [...]. Na maioria das línguas, no entanto, o tempo e o aspecto são combinados em um sistema flexional. (2009b: 40)

Se, por um lado, o aspecto e, mais especificamente, o contraste entre perfectivo e imperfectivo permeiam as discussões sobre o passado e o presente, o modo e, em especial, a oposição entre o indicativo e o subjuntivo estão inerentemente ligados à noção de tempo futuro. Passemos então a falar dessa segunda relação.

Os modos verbais
e a concepção da realidade

Azeredo (2008), em sua explanação sobre modalidade, refere-se a uma tradição descritiva inspirada na filosofia escolástica:

> Uma tradição descritiva que remonta à Idade Média e que se inspira na filosofia escolástica nos ensina a reconhecer dois componentes na construção dos enunciados: o *dictum* – aquilo que é objeto da comunicação – e o *modus* – a atitude ou ponto de vista do enunciador relativamente ao objeto de sua comunicação. A expressão do *modus* [...] é realizada de várias maneiras. Uma delas consiste em variar a entoação da frase para exprimir certeza, admiração, dúvida, ceticismo etc. Também se pode recorrer a verbos que expressam atitudes, como *saber*, *duvidar*, *supor*, e a advérbios, como *talvez*, *sinceramente*, *obviamente* etc. Trata-se de recursos de modalização ou modalidade. (2008: 209, grifos do autor)

Na mesma linha, Castilho (2010: 437) diz que o *modus* remete à avaliação "que o falante faz sobre o *dictum*, considerando-o real, irreal, possível ou necessário".

Derivam de tais noções "a classificação da modalidade em *deôntica*, relacionada à obrigação e à permissão, e *epistêmica*, relacionada ao conhecimento, à crença e à opinião (e, por extensão, à incerteza e à probabilidade)" (Duarte, 2012: 78). Outros tipos e subdivisões de modalidades são reconhecidos e estudados por autores diversos (cf. Givón, 1995; Bybee, 1985; Bybee, Perkins e Pagliuca, 1991; Sweetser, 1990, entre outros), mas a divisão apresentada, entre modalidade deôntica e epistêmica, é tida como consensual. Vejamos exemplos referentes a esses dois tipos de modalidade:

(17) Modalidade deôntica (obrigação):
> **"A OEA não *deve ser* um fiscal**
> **para decidir quem é bom ou mal"**

El País Brasil – 29 dez. 2019 – São os Estados membros da OEA que *devem fazer* essa análise e repensar a estratégia para o futuro...

(Fonte: https://brasil.elpais.com/internacional/2019-12-29/a-oea-nao-deve-ser-um-fiscal-para-decidir-quem-e-bom-ou-mau.html. Acesso em: 29 dez. 2019.)

(18) Modalidade deôntica (permissão):

Saiba o que as escolas
***não podem fazer* na hora da matrícula**

O Imparcial – 2 jan. 2020 – Por que o período de matrícula nas escolas é tão cedo? Essa é a pergunta que muitos pais e mães se fazem todos os anos...

(Fonte: https://oimparcial.com.br/cidades/2020/01/saiba-o-que-as-escolas-nao-podem-fazer-na-hora-da-matricula/. Acesso em: 2 jan. 2020.)

(19) Modalidade epistêmica (possibilidade):

Seis experiências curiosas
que *podem acontecer* durante o seu sono

Metrópoles – 24 dez. 2019 – Na maioria dos casos, o sono é um período calmo e contínuo [...]. Porém, existem pequenos distúrbios que *podem afetar* o sono...

(Fonte: https://www.metropoles.com/saude/seis-experiencias-curiosas-que-podem-acontecer-durante-o-seu-sono. Acesso em: 24 dez. 2019.)

(20) Modalidade epistêmica (opinião):

WhatsApp é a principal fonte de informação
do brasileiro, aponta pesquisa

Agência do Rádio Mais (liberação de imprensa) – 14 dez. 2019 – Os resultados da pesquisa indicam também que praticamente a metade dos brasileiros *acha difícil* identificar notícias falsas em redes sociais.

(Fonte: https://www.agenciadoradio.com.br/noticias/whatsapp-e-a-principal-fonte-de-informacao-do-brasileiro-aponta-pesquisa-pran198042. Acesso em: 14 dez. 2019.)

Modalidade, portanto, diz respeito à expressão da atitude do falante em relação ao seu próprio enunciado, explicitando sua atitude psíquica em face da situação a que se refere. Para tanto, podem ser utilizados diversos recursos disponíveis nas línguas como, por exemplo, entoação, verbos que expressam atitudes, advérbios etc. A nós, como sabemos, interessa a modalidade expressa pela morfologia verbal. Vamos então nos voltar para ela.

Tomemos a título de ilustração os dois exemplos a seguir que transcrevem trechos da fala de alguém:

(21)

Cineclube Torres vive momento de incerteza

Zero Hora – 29 dez. 2019 – Aprovando o projeto, é dada a ordem de serviço. E assim se inicia a obra. *Eu não acredito que essa obra vá acontecer antes de fevereiro ou março.* Até porque esses processos demoraram, nada está previsto ainda...

(Fonte: https://gauchazh.clicrbs.com.br/cultura-e-lazer/cinema/noticia/2019/12/cineclube-torres-vive-momento-de-incerteza-ck4rbejuo015q01nvfuuxcx29.html. Acesso em: 29 dez. 2019.)

(22)

Cafés especiais do Brasil terão proteção na UE contra imitação

Agrolink (liberação de imprensa) – 29 dez. 2019 – "Eu acredito que esse acordo Mercosul-União Europeia é bom porque a gente vai conseguir aumentar as vendas. A procura lá fora por cafés especiais está maior..."

(Fonte: https://www.agrolink.com.br/noticias/cafes-especiais-do-brasil-terao-protecao-na-ue-contra-imitacao_428177.html. Acesso em: 29 dez. 2019.)

Observemos a diferença entre (21) e (22), especialmente no que concerne à flexão do verbo "ir" que ocorre nos dois casos. Em (21), além da negação, o falante faz uso da variação morfológica verbal, ou seja, do modo verbal subjuntivo, para exprimir sua atitude de descrença em relação à concretização da situação a que se refere em determinado prazo ("... que essa obra *vá* acontecer..."). Em (22), o falante exprime sua atitude de crença na realização do evento em questão, utilizando o modo indicativo ("... a gente *vai* conseguir..."). Tal atitude manifesta-se ainda no emprego o verbo "ser", também no modo indicativo: "Eu acredito que esse acordo Mercosul-União Europeia *é* bom".

Algumas vezes, a variação morfológica do verbo, como alerta Azeredo (2008), é a única pista que temos, em termos formais, da atitude do falante. Com os exemplos "Procuro uma casa que *tem* uma ampla varanda na frente"– em que o falante revela ter certeza da existência da casa – e "Procuro uma casa que *tenha* uma ampla varanda na frente" – em que a existência da casa é representada pelo falante como uma hipótese ou suposição, Azeredo (2008: 210) demonstra a diferença de atitude manifestada nas formas verbais, que se encontram, respectivamente, nos modos indicativo e subjuntivo.

Bagno (2011) descreve os modos indicativo e subjuntivo da seguinte forma:

O modo indicativo (também chamado de evidencial ou declarativo) incide diretamente sobre a realidade empírica do estado de coisas; com ele produzimos declarações factuais e crenças positivas. Ocorre em todas as línguas do mundo.

O modo subjuntivo permite ao falante expressar ação ou estado denotado pelo verbo como um fato irreal, ou simplesmente possível ou desejado, ou quando se emite sobre o fato real um julgamento (2011: 560-1).

Resumindo, em termos gerais, podemos concluir que o falante faz uso do modo verbal indicativo, quando avalia a situação a que se refere como um estado de coisas real. O modo subjuntivo, por sua vez, é utilizado quando o falante avalia a situação a que se refere como um estado de coisas duvidoso.

Além dos modos verbais indicativo e subjuntivo, há ainda o modo imperativo, utilizado em enunciados que exprimem ordens, exortações e pedidos dirigidos ao interlocutor. Entretanto, a nós diz respeito apenas os dois primeiros, uma vez que as formas verbais referentes aos modos indicativo e subjuntivo apresentam variações que localizam situações ou eventos em diferentes intervalos de tempo, o que não ocorre com as formas do modo imperativo, que são invariáveis em relação ao tempo (Azeredo, 2008: 211).

Dito isso, vamos então conhecer mais de perto os três tempos básicos – presente, passado e futuro – e suas especificidades. Comecemos pelo presente, este tempo fugidio a partir do qual nos referimos ao passado e vislumbramos o futuro.

O tempo verbal presente

Embora tradicionalmente caracterizado como o tempo verbal que designa a fala momentânea – conforme Said Ali (1969), que descreve o presente do indicativo como aquele utilizado para expressar ações que ocorrem justamente no momento em que o falante está produzindo seu discurso –, o tempo presente é também empregado com frequência em referência ao passado e ao futuro. Observemos a seguir algumas explicações acerca do tempo verbal e do tempo verbal presente em especial.

Para Cunha e Cintra (1985),

> Tempo é a variação que indica o momento em que se dá o fato expresso pelo verbo.
>
> Os três tempos naturais são o PRESENTE, o PRETÉRITO (ou PASSADO) e o FUTURO, que designam, respectivamente, um fato ocorrido *no momento em que se fala*, *antes do momento em que se fala* e *após o momento em que se fala*. (1985: 264)

Bechara (2011: 184) também entende que tempo "Assinala a relação temporal do acontecimento comunicado com o momento do ato de fala; o presente encerra este momento, o passado é anterior, e o futuro ocorrerá depois deste momento". Sobre o tempo verbal presente, em particular, Bechara assevera que se refere "a fatos que se passam ou se estendem ao momento em que falamos: *eu canto*" (Bechara, 2006: 195).

O TEMPO, O TEMPO LINGUÍSTICO E O TEMPO VERBAL

Na mesma linha, Rocha Lima (2007) explica que "O TEMPO informa, de maneira geral, se o que expressa o verbo ocorre no momento em que se fala, numa época anterior, ou numa ocasião que ainda esteja por vir [...]" (2007: 123).

Perini (2010), em sua gramática descritiva do português, aponta o passado, o presente e o futuro como sendo os três tempos básicos da língua, acrescentando haver por trás desse sistema outro muito mais complexo. Alegando que "os tempos costumam invadir um o território do outro, o que ajuda a complicar o quadro geral" (2010: 220), o autor declara que as formas verbais, dependendo do contexto, podem assumir mais de um valor semântico.

Para Perini (2010), o tempo verbal presente possui duas formas básicas: o presente simples, usado para exprimir eventos habituais, propriedades e/ou estados permanentes e, ainda, uma verdade geral que não dependa de tempo, e o presente progressivo, criado a partir da união entre o auxiliar *estar* mais o verbo no gerúndio, usado para exprimir eventos que ocorrem no momento da fala. Ressalta o autor que este último nunca pode se referir a eventos permanentes como em, por exemplo, "Carolina está tendo cabelo louro" (Perini, 2010: 220).

Vejamos alguns exemplos de uso do tempo verbal presente:

(23)

Conheça o uruguaio que *canta*
nas ruas de Porto Alegre...

Zero Hora – 4 set. 2019 – A Esquina Democrática tem um quê de castelhano quando Tony Carlos, a voz romântica, se apresenta. Com microfone em mãos e o auxílio...

(Fonte: https://gauchazh.clicrbs.com.br/porto-alegre/noticia/2019/09/conheca-o-uruguaio-que-canta-nas-ruas-de-porto-alegre-e-sonha-em-chegar-ao-the-voice-ck05bnu5v09bc01qmirshnuta.html. Acesso em: 4 set. 2019.)

(24)

Mais ricos são maioria do público
que *frequenta* museus...

Amazonas Atual – 4 jun. 2019 – BRASÍLIA – Os frequentadores de museus brasileiros são de famílias com ganho mensal de R$ 9.980,00. Pertencem as classes A e B e...

(Fonte: https://amazonasatual.com.br/mais-ricos-sao-maioria-do-publico-que-frequenta-museus-diz-pesquisa/. Acesso em: 4 set. 2019.)

(25)

Mercado Municipal de Filadélfia
***encontra-se* em situação calamitosa ...**

Jornal de Filadélfia – 16 ago. 2019 – O local que deveria servir pra movimentar a economia da cidade nos finais de semana *encontra-se* em uma situação calamitosa e...

(Fonte: https://jornaldefiladelfia.com/noticia/256/mercado-municipal-de-filadelfia-encontra-se-em-situacao-calamitosa-e-abandonado-veja-video. Acesso em: 16 ago. 2019.)

(26)

**"Custou-me quando o Cristiano
me igualou". Messi *está* feliz...**

Observador – 3 dez. 2019 – Messi é agora o único a ter seis Bolas de Ouro e não esconde que *está feliz* por isso. "Admito que me custou quando o Cristiano me igualou", ...

(Fonte: https://observador.pt/2019/12/03/custou-me-quando-o-cristiano-me-igualou-messi-esta-feliz-por-ser-o-unico-com-seis-bolas-de-ouro-e-nao-o-esconde/. Acesso em: 3 dez. 2019.)

Nos exemplos apresentados, para ilustrar o emprego do tempo verbal presente em referência ao tempo presente, podemos observar uma característica em comum: as situações descritas pelos verbos *cantar, frequentar, dançar, encontrar-se* e *estar* não remetem exatamente ao tempo presente. A ideia de duração que transmitem parece transcender o passado, presente e futuro.

A esse respeito, Soares da Silva (inédito) diz que tempo verbal presente só em alguns casos tem valor temporal estritamente de tempo presente, excetuando-se, é claro, os performativos (como em *Prometo chegar a tempo*; *Ordeno/ peço que desistas*; *Decreto 5 anos de prisão*),[1] já que "o ato de prometer e a enunciação da promessa realizam-se ao mesmo tempo; são, aliás, a mesma coisa" (Soares da Silva, inédito: 300, grifos do autor).

Alguns autores, como Fatori (2010), entendem que a definição do tempo verbal presente atrelada a seu emprego para exprimir fatos referentes ao momento da enunciação está equivocada, já que o valor semântico do presente momentâneo, que embasa tal definição, pouco ou quase nunca é utilizado. Contudo, tomemos para fins explicativos o caso específico de (24), em que "frequentar museus", como já sabemos, não remete apenas ao momento de fala, mas também ao passado, presente e futuro, caracterizando "frequentar museus" como uma atividade habitual. Não podemos deixar de considerar, no entanto que, se habitual, tal atividade também ocorre no tempo presente.

A definição de tempo verbal presente como concomitante ao ato de fala, ou seja, referindo-se ao tempo presente, é adotada por Langacker (1991) em seu estudo sobre o tempo presente em inglês. Vamos conhecer a proposta de Langacker e ainda a de Brisard (2002), também para o inglês, uma vez que as generalizações feitas pelos autores se aplicam a muitas línguas, entre as quais o português.

Baseando-se na noção de perfectividade, que, nos seus termos, remete à noção de delimitação (*"boundedness"*), Langacker (1991) faz a distinção entre verbos que se referem a situações perfectivas (comprar, chegar, surgir etc.) e aqueles que se referem a situações imperfectivas (saber, estar, conhecer etc.): uma situação perfectiva é concebida como delimitada em termos temporais e vista externamente, ou apreendida, num quadro de visualização máxima, ou seja, em sua totalidade, uma situação imperfectiva, ao contrário, não é delimitada em termos temporais, e é apreendida, ou vista internamente, num quadro de visualização restrita, como em desenvolvimento. Sob tal perspectiva, conforme constatamos, o valor temporal do tempo verbal presente concomitante ao ato de fala é possível em verbos imperfectivos, como ilustra o verbo "estar" em *"está feliz"* no exemplo (26).

Diante do fato de que a explanação em questão não conseguiria dar conta dos vários significados que o tempo verbal presente abarca, Langacker (2003) adota um critério temporal rigoroso de coincidência exata para explicar usos do tempo verbal presente em referência a situações que não estariam de todo situadas no presente. Para Langacker, vale ressaltar, não há incoerência em um processo delimitado (perfectivo) coincidir com o evento de fala. O autor postula um esquema de visualização especial da situação que agrega a subjetividade, ou seja, não se prende à realização efetiva do evento. Um dos casos discutidos pelo autor é o do presente histórico, ilustrado no exemplo seguinte:

(27)

**Alemanha nazista *declara*
guerra aos Estados Unidos...**
History – 11 dez. 2019 – A Alemanha nazista declarava guerra aos Estados Unidos em um dia como este, no ano de 1941. O fato aconteceu devido a uma série de eventos durante a Segunda Guerra Mundial, em especial ao...

(Fonte: https://br.historyplay.tv/hoje-na-historia/alemanha-nazista-declara-guerra-aos-estados-unidos. Acesso em: 11 dez. 2019.)

Em (27), vemos que é utilizado o tempo verbal presente na manchete: "Alemanha nazista *declara* guerra aos Estados Unidos...". Conforme explanação de Langacker (2003), usos como este consistem em uma descrição de eventos a partir de uma replicação mental, ou seja, os acontecimentos referidos são revividos e acessados pela memória ao serem enunciados, de modo que a expressão linguística evidencia a representação em termos de construção mental, e não de sua ocorrência real ou objetiva. Tal explicação aplica-se também a outros usos do tempo verbal presente, como explica Brisard (2002):

> casos de usos do tempo verbal presente referindo-se a atividades agendadas no futuro, bem como direções de cena, legendas de fotos, e enunciados genéricos são tratados como invocando a concepção de um plano virtual no qual as representações de eventos que não estão (ainda) atualizados na realidade (mais especificamente, no presente em si) são projetadas. São essas representações (fictícias/mentais) que são ditas coincidir exatamente com o momento da fala, permitindo a aplicação direta da restrição temporal que assegura usos do tempo verbal presente bem definidos para o tempo presente. (2002: 254)

Constatamos, assim, que o uso do tempo verbal presente em referência a situações concomitantes ao ato de fala, segundo Langacker (2003), pode ocorrer mesmo em casos de referências a atividades agendadas no futuro (como campeonatos mundiais de futebol) e a direções de cena (como em "o personagem X entra em cena no momento em que a luz do palco se acende") ou em enunciados genéricos (como "a água ferve a 100°C") etc. A explicação para usos como esses é a de que tais referências ativam representações mentais e que são essas representações mentais que coincidem efetivamente com o momento de fala.

Brisard (2002), que também se dedica ao estudo do tempo verbal presente, tendo como referencial teórico a Gramática Cognitiva, apresenta uma proposta de abordagem diferente, embora não conflitante com a de Langacker. Em vez de enfatizar as funções puramente temporais do tempo verbal presente, Brisard baseia-se em aspectos pragmáticos e interativos e propõe que seja priorizado o grau de dadidade imediata ("presente") como garantia da atribuição da certeza epistêmica a um estado de coisas. Vejamos como o próprio autor apresenta sua proposta:

> Eu quero chegar a uma caracterização do tempo presente no inglês que combine o *status* epistêmico do conhecimento vindo da percepção (a única fonte possível para a aquisição da experiência e, aliás, aquela que deve ser exclusivamente localizada no presente) e o tipo de conhecimento genérico que geralmente é formulado em termos de enunciados gnômicos atemporais. Vou sugerir que o tempo

presente tipicamente invoque esses dois modos de experiência (percepção e generalidade) e que, portanto, acomode dois tipos básicos de significado. A certeza imediata é alcançada nos casos em que um estado de coisas está diretamente presente (no tempo) ou apenas sempre presente (fora do tempo, como parte estrutural de nosso modelo de realidade). (Brisard, 2002: 264-5)

Para Brisard, o tempo verbal presente tem como função primária a referência ao *ground* de maneira não mediada. O *ground* e qualquer referência que se faça a ele, segundo o autor, abarca o pano de fundo de nosso conhecimento temático e, portanto, está sempre presente, o que indica que o *ground* não se restringe às relações espaço-temporais empiricamente verificadas no ato de fala, mas que também deve incluir elementos de nossa concepção racional da realidade que são de validade geral ou dados (conhecidos). Nesse sentido, "a dupla função do tempo presente reflete o *status* privilegiado do *ground* como o *locus* da experiência direta e o recipiente do conhecimento geral, que evoluirá conosco através do tempo como um repertório continuamente atualizado e sempre negociável de informação conhecida ou antecipada" (Brisard, 2002: 265). Dessa forma, em um enunciado genérico como "A terra é redonda", o julgamento envolvido é culturalmente transferido e não precisa ser replicado mentalmente, por assim dizer, toda vez que um falante usar essa frase (ela é dada, está presente fora do tempo, como parte estrutural de nosso modelo de realidade), o que justifica o emprego do tempo presente.

Analisando outros casos como, por exemplo, "Suas chaves estão sobre a mesa", que não podem ser consideradas de validade geral, Brisard (2002: 269) recorre à noção de *escopo*, termo técnico que, na Gramática Cognitiva, refere-se ao *locus* geral de atenção em uma predicação. Com base nessa noção, explica que predicações como essa perfilam consistentemente o processo designado pelo verbo, isto é, referem-se ao evento em ocorrência. Assim, entendendo perfilamento como um recorte conceptual, considerando-se haver uma base conceptual mais ampla, no exemplo em questão, o escopo imediato da predicação com tempo verbal presente fica restrito ao perfilamento real do processo e, portanto, coincide com ele. A validade absoluta do estado de coisas referido na sentença, em que sua dadidade imediata é de fato asseverada, não transcende a situação local da fala na qual essa sentença é proferida (Brisard, 2002).

Outros usos do tempo verbal presente são discutidos pelo autor, que lança mão das mesmas restrições para explicá-los. Um deles é o que envolve situações perfectivas como em "João come muito", em que o tempo verbal presente não é referencial (como em "As chaves estão sobre a mesa"). Em casos como esse, em que o tempo verbal presente não se refere a nenhuma instância genuína, o marcador de tempo ainda pode ser empregado, segundo

Brisard, para projetar sua qualificação epistêmica usual no processo em questão:

> É nesse sentido que eu proponho que esses tipos de uso (por exemplo, enunciações de validade geral) sejam extremamente subjetivos (Langacker 2002), em qualquer caso, mais do que suas contrapartes diretamente referenciais no tempo presente. A subjetivação extrema, a meu ver, consiste na perda de uma entidade objetivamente construída (no tempo), ou seja, elimina qualquer preocupação direta com a ocorrência de eventos reais. (Brisard, 2002: 274).

Em sua argumentação, o autor chama a atenção para o que parece ser comum na maioria dos usos "não prototípicos" do tempo verbal presente que não se referem ao presente (tempo): a entidade semântica que eles evocam é inerente apenas à própria atividade de conceptualização, sendo independente, portanto, de qualquer *input* do mundo exterior e menos ainda de algum que seja temporalmente coincidente:

> Essa ocorrência conceptual de um estado de coisas no momento da fala é suficiente para motivar o uso do tempo verbal presente e, é claro, qualquer parte do conhecimento estrutural pode ser evocado em um determinado momento por definição. No entanto, uma vez que estabelecemos a relevância analítica de tal ocorrência conceptual, não é o desdobramento

temporal do evento "ocorrente" que parece importar, como uma espécie de imagem espelhada do que pode estar acontecendo (ou o caso), mas o próprio fato de que pode ser evocado, isto é, sua ocorrência como um sinal de seu *status* epistêmico dado. (Brisard, 2002: 277).

Para Brisard, portanto, o tempo verbal presente primariamente refere-se ao *ground*. O *ground*, como vimos, é entendido como o *locus* da experiência direta e ainda como recipiente do conhecimento de mundo que possuímos. Um recipiente de conhecimento estruturado que evolui conosco, sendo continuamente atualizado e que constitui uma barreira contra surpresas. É por isso que experiências que não podem ser diretamente antecipadas com base no que sabemos sobre a realidade não costumam ser expressas com emprego do tempo verbal presente, que tende a focalizar aquelas afirmações cujo *status* epistêmico é essencialmente compatível com o caráter de conhecimento de mundo. A referência a estados de coisas contingentes, momentâneas, que não alteraram fundamentalmente nosso modelo de mundo, mas que também não o seguem de maneira previsível, é feita por meio do presente progressivo.

Brisard chama atenção ainda para a situação do tempo verbal presente e do presente progressivo, no que diz respeito aos planos figura e fundo:[2]

> Comparado com o *status* de fundo dos significados do tempo verbal presente, então, o presente progressivo tipicamente apresenta um estado de coisas que é o objeto da percepção direta (i.e., localizado no presente e portanto potencialmente perceptível por um observador – embora, não necessariamente o falante – no momento da fala) como relativamente em primeiro plano precisamente em virtude de seu *status* incidental em relação ao *ground* como um pano de fundo epistêmico. (2002: 266).

Por fim, cumpre destacar o tratamento que recebe, em tal abordagem, o emprego do tempo verbal presente em referência a eventos passados e futuros, tão comuns em nosso dia a dia: estados de coisas que não fazem parte do tempo presente podem ser referidos por meio do tempo verbal presente se suas representações conceptuais coincidirem com o *ground*, mesmo que pertençam ao passado ou ao futuro (Brissard, 2002: 267). Dessa forma, assim como o caso de "João come muito", situações passadas e futuras, que não pertencem ao tempo presente propriamente dito, podem ser expressas com a utilização do tempo verbal presente, em função da possível coincidência de suas representações conceptuais com o *ground*.

Vejamos o exemplo a seguir que ilustra o uso do tempo verbal presente para se referir a um evento futuro.

(28)

Cruzeiro do Oeste inaugura
Museu Paleontológico...

Bem Parana – 17 jul. 2019 – Depois de anunciar a descoberta de um novo fóssil de dinossauro, no mês passado, Cruzeiro do Oeste, no Noroeste do Paraná, *inaugura seu Museu Paleontológico, amanhã...*

(Fonte: https://www.bemparana.com.br/noticia/museu-paleontologico-firma-cruzeiro-do-oeste-no-turismo-do-noroeste-do-parana#.XgphWPy1tbU. Acesso em: 17 jul. 2019.)

O uso do tempo verbal presente, neste caso, sugere a dadidade da informação de uma maneira que, segundo Brisard (2002: 282), se assemelha ao que acontece no contexto de um "crente" paranormal que interpreta a determinação de uma situação em relação a suas próprias expectativas, ou seja, o mero fato de o tempo verbal presente ter sido utilizado indica, por parte do autor da notícia, sua absoluta confiança ou certeza acerca da realização do evento. Simbolicamente, então, o evento é tratado como dado e totalmente constitutivo do *ground*, mesmo que ainda não tenha se realizado e, de fato, nunca se realize.

No exemplo seguinte, observemos o uso do mesmo verbo "inaugurar" no tempo verbal presente para se referir agora a um evento passado:

(29)

Unicef *inaugura* casas de apoio
para acolher crianças ...

O Documento – 27 dez. 2019 – O Fundo das Nações Unidas para a Infância (Unicef), em parceria com o Governo do Estado e o Ministério da Cidadania, inaugurou, na última semana, a Casa Lar de Boa Vista, e a Casa de Passagem de Pacaraima...

(Fonte: https://odocumento.com.br/unicef-inaugura-casas-de-apoio-para-acolher-criancas-venezuelanas-em-roraima/. Acesso em: 27 dez. 2019.)

Na manchete do exemplo (29), podemos constatar a presença do verbo de natureza perfectiva "inaugurar" no tempo verbal presente, fazendo referência a um evento já ocorrido. A combinação de um verbo perfectivo e do tempo verbal presente sugere que o evento descrito não é genuíno (embora não haja dúvida sobre sua objetividade (realização) no passado). Usos como tal, todavia, são muito comuns sobretudo na imprensa, que busca dar um ar de novidade e de imediatismo às notícias transmitidas. Assim sendo, o autor da notícia a reporta fazendo uso do tempo verbal presente e, ao fazê-lo, torna possível a coincidência de suas representações conceptuais acerca do evento com o *ground*. Processo semelhante ocorre com os leitores dessa notícia.

Em resumo, o tempo verbal presente pode referir-se ao próprio tempo presente, ao passado e ao futuro, nas condições especificadas. E, por falar em passado e futuro, chegou a hora de sairmos do presente e entrarmos no passado. Logo depois, o futuro nos espera!

O tempo verbal passado

São muitos os caminhos que nos levam ao passado. Em português, conforme já vimos, podemos nos referir a eventos passados no modo *realis* (indicativo) ou *irrealis* (subjuntivo). Para falar sobre eventos passados que conceptualizamos como realizados, concluídos, utilizamos o pretérito perfeito ou o pretérito mais-que-perfeito do indicativo. Para nos referirmos a eventos conceptualizados como não concluídos ou não acabados, empregamos o pretérito imperfeito. Fora do modo *realis*, no âmbito das conjecturas e hipóteses, usamos o pretérito perfeito e mais-que-perfeito do subjuntivo. Vejamos exemplos que ilustram o uso dessas formas:

(30) Pretérito perfeito:

Saiu o primeiro estudo sobre os efeitos de longo prazo dos cigarros eletrônicos ...
Vice – 18 dez. 2019 – *Saiu* o primeiro estudo sobre os efeitos de longo prazo dos cigarros eletrônicos, e os resultados não são bons...

(Fonte: https://www.vice.com/pt_br/article/jgeey8/saiu-o-primeiro-estudo-sobre-os-efeitos-de-longo-prazo-dos-cigarros-eletronicos-e-os-resultados-nao-sao-bons. Acesso em: 18 dez. 2019.)

(31) Pretérito mais-que-perfeito:

Um campeão há 40 anos

Tribuna do Norte – 17 out. 2019 – Dos muitos natalenses que foram ver O Campeão, quase todos sabiam que a cena do garoto chorando sobre o pai morto *fizera* o mundo inteiro chorar;...

(Fonte: http://www.tribunadonorte.com.br/noticia/um-campea-o-ha-40-anos/462313. Acesso em: 17 out. 2019.)

(32) Pretérito imperfeito:

Livro egípcio de 4 mil anos
que '*guiava* almas ao submundo' é encontrado

Galileu – 1º jan. 2020 – Para Rita Lucarelli, especialista em egiptologia da Universidade da Califórnia, essa obra é um exemplo do quanto o povo do Antigo Egito refletia sobre a mortalidade. "Os egípcios *eram* obcecados com a vida em todas as suas formas"...

(Fonte: https://revistagalileu.globo.com/Ciencia/Arqueologia/noticia/2020/01/livro-egipcio-de-4-mil-anos-que-guiava-almas-ao-submundo-e-encontrado.html. Acesso em: 1º jan. 2020.)

(33) Pretérito perfeito do subjuntivo:

Seu gato não te dá bola? Só poucos
privilegiados entendem emoções felinas

UOL – 5 dez. 2019 – Uma nova pesquisa canadense sugere que algumas pessoas conseguem interpretar sutilezas nas expressões faciais dos gatos... Embora a maioria *tenha ido* mal no teste, cerca de 13% dos 6,3 mil participantes obtiveram uma pontuação alta...

(Fonte: https://www.uol.com.br/tilt/noticias/redacao/2019/12/04/seu-gato-nao-te-da-bola-so-poucos-privilegiados-entendem-emocoes-felinas.htm. Acesso em: 5 dez. 2019.)

(34) Pretérito imperfeito do subjuntivo
**Cinco dicas para lavar o cabelo
como se *tivesse ido* ao cabelereiro**
2 ago. 2019 – Cinco dicas para lavar o cabelo como se *tivesse ido* ao cabeleireiro... Escolher a gama mais adequada para o nosso tipo de cabelo...

(Fonte: https://www.delas.pt/cinco-dicas-para-lavar-o-cabelo-como-se-tivesse-ido-ao-cabeleireiro/. Acesso em: 2 ago. 2019.)

Coan (1997) analisa as formas verbais de expressão do passado em português, tomando como base estudo de Comrie (1990) sobre as relações temporais estabelecidas entre as formas verbais em enunciados. Comrie (1990) classifica os tempos verbais em *tempo absoluto, tempo relativo* e *tempo relativo-absoluto*. Os tempos absolutos tomam o presente, vinculado ao tempo de fala, como centro dêitico de orientação do sistema temporal. O presente, por desempenhar papel principal nos sistemas temporais das línguas, é considerado por Comrie como eixo das orientações temporais.

Nesse viés, Coan (1997) entende que: (i) o pretérito perfeito refere-se "via de regra a um tempo passado vinculado ao tempo de fala, sendo portanto um tempo absoluto" (1997: 46) e que situações sequenciais costumam ser codificadas por esse tempo; (ii) o pretérito imperfeito também toma como referência o tempo de fala e, por assim ser, constitui-se igualmente um tempo absoluto.

Freitag (2007) chama a atenção para a existência de variação entre o pretérito imperfeito e o progressivo, no que diz respeito à expressão do valor de passado imperfectivo. De acordo com a autora, que toma como referência o português falado em Florianópolis, mudanças no paradigma verbal abriram brecha para a emergência do emprego do passado progressivo na expressão do passado imperfectivo, como no fragmento a seguir apresentado pela autora para demonstrar a variação existente entre o passado progressivo ("estava querendo") e o pretérito imperfeito ("trabalhava"): "Depois me aborreci, não era o tipo de serviço que eu *estava querendo*, aí passei a ser funcionário do Banco Econômico, *trabalhava* no setor de transporte de malote" (2007: 17, grifos da autora).

Em outra frente, Coan (1997) também observa que o tempo composto (verbo auxiliar "ter" e verbo principal no particípio) e o pretérito perfeito têm sido utilizados para codificar um tempo passado anterior a outro tempo passado em substituição à forma gramaticalizada do tempo verbal mais-que-perfeito, que está caindo em desuso. Os exemplos que se seguem ilustram os dois usos mencionados:

(35) Verbo *ter* + particípio em referência a um tempo passado anterior a outro tempo passado:

Quando a transmissão radiofônica de Guerra dos Mundos causou pânico nos Estados Unidos
Aventuras na História – 30 dez. 2019 – Naquela época, o Acordo de Munique *tinha acabado* de ser assinado, tornando a Alemanha Nazista cada vez maior, mais poderosa e...
(Fonte: https://aventurasnahistoria.uol.com.br/noticias/almanaque/historia-transmissao-radiofonica-guerra-dos-mundos-estados-unidos.phtml. Acesso em: 30 dez. 2019.)

(36) Pretérito perfeito em referência a um tempo passado anterior a outro tempo passado:

Em entrevista, Fagner resgata amizade e parceria musical com Luiz Gonzaga

Diário do Nordeste – 2 ago. 2019 – A amizade rendeu dois discos e [...]. Nós nos *conhecemos antes*, mas eu fiquei bem interessado em fazer algo com ele,... *A princípio* ele não *entendeu*, mas *quando* ele resolveu fazer um disco dele com a nova geração que estava surgindo na época, *daí* ele me convidou.

(Fonte: https://diariodonordeste.verdesmares.com.br/editorias/verso/online/em-entrevista-fagner-resgata-amizade-e-parceria-musical-com-luiz-gonzaga-1.2130584. Acesso em: 2 ago. 2019.)

No que se refere ao uso do pretérito perfeito em referência a um passado anterior a outro tempo passado, Coan (1997) alerta sobre a necessidade de haver algum ponto de referência passado intermediário. No exemplo (36), observamos que a sinalização de anterioridade e posterioridade temporal é feita lexicalmente por "antes", "a princípio", "quando" e "daí".

Outra particularidade importante a ser considerada em relação ao tempo verbal passado diz respeito ao contraste envolvendo o pretérito perfeito e imperfeito. Em sua abordagem sobre o pretérito perfeito, Castilho (2010) afirma que este representa o estado de coisas completado no passado e chama atenção para o termo *"perfeito"*, usado em sua nomenclatura, que sugere a conclusão da ação verbal, ou seja, a ação terminada, mas que remete também ao aspecto perfectivo. De fato, como pontua Soares da Silva (inédito: 302, grifos do autor),

> O contraste entre *pretérito perfeito* e *pretérito imperfeito* tem sido considerado, para o português e outras línguas, como aspectual, entre perfectivo e terminativo (perfeito) e imperfectivo e não terminativo (imperfeito), e também, embora menos, como temporal, entre tempo de anterioridade (perfeito) e tempo de sobreposição (imperfeito).

Doiz-Bienzobas (2002), sob o viés da Gramática Cognitiva, dedicou-se à pesquisa desse contraste em espanhol. De acordo com a autora, o contraste entre os dois tempos verbais foi estudado sob três perspectivas: temporal, aspectual e orientada para o discurso. Em seu trabalho, ela adota uma perspectiva diferente e caracteriza as predicações no pretérito perfeito e no imperfeito em relação ao *ground*, em termos de distância e de ancoragem (Doiz-Bienzobas, 2002: 299).

Sobre predicações de ancoragem, Soares da Silva (inédito) nos esclarece que enunciados finitos são ancorados, ao passo que os não finitos não o são. Falta a estes a flexão verbal:

> A ancoragem estabelece a localização temporal da situação e o seu estatuto epistêmico na realidade, isto é, a sua *existência* (ocorrência). Efetua-se,

formalmente, através da flexão do verbo ou também, no português e noutras línguas, através de auxiliares e, semanticamente, através das categorias do tempo e do modo/modalidade. (inédito: 279, grifos do autor)

Para Doiz-Bienzobas (2002), uma caracterização precisa do contraste entre os dois tempos verbais referidos é necessária e motivada pela percepção de que alguns dos usos do imperfeito em espanhol são compartilhados por formas imperfeitas em outras línguas. Do ponto de vista teórico, a autora se propõe a generalizar os usos do imperfeito, fornecendo uma análise abrangente. Daremos destaque às explanações que se baseiam em: (i) a distância da situação em relação ao *ground* e (ii) a estrutura do mundo.

Referindo-se à distância da situação relativamente ao *ground*, Doiz-Bienzobas (2002) assevera que

> o pretérito perfeito designa uma situação distal no que se refere ao *ground*; seu papel é indicar que a situação ocorreu no passado. Em discurso direto, em particular, o pretérito designa situações que devem ser passadas ou distantes em relação ao *ground* [...]. (2002: 302)

A autora baseia-se em exemplos como *Juan* **estuvo** *aquí la semana passada* (Juan **esteve** aqui na semana passada) e **Juan* **estuvo** *aquí mañana* (*João **esteve** aqui amanhã), para demonstrar que a agramaticalidade da segunda sentença se deve ao fato de a situação designada pelo pretérito perfeito ocorrer em um momento posterior ao *ground*. Restrição semelhante se dá no discurso indireto, em que cabe ao pretérito perfeito designar a situação como anterior ao "*ground* substituto", isto é, ao ponto de referência, o que explica a aceitabilidade de "Juan nos dirá mañana que hoy no *estuvo* aquí" (Juan nos dirá amanhã que hoje não *esteve* aqui) e a agramaticalidade de "*Hace dos días dijo que ayer *estuvo* en casa" (*Há dois dias ele disse que ontem *esteve* em casa). Conforme conclui a autora, "o pretérito é um marcador do tempo passado; indica que o evento designado está localizado no passado em relação a um ponto de referência" (Doiz-Bienzobas, 2002: 303).

Diferentemente do que ocorre com o pretérito perfeito (e contrariamente às análises padrão do imperfeito), em sentenças com o imperfeito, as situações referidas não precisam estar no passado ou afastadas do *ground* (ato de fala) e, no caso do discurso indireto, afastadas do *ground* substituto (ponto de referência). Doiz-Bienzobas demonstra que as situações designadas pelo imperfeito podem ser anteriores, simultâneas ou posteriores ao *ground* como mostram os seguintes exemplos: "Ayer me dijo que el otro día/en esse momento *estaba* ocupada" (Ontem ela me disse que no outro dia/nesse momento estava ocupada); "Ayer me dijo que hoy *estaba* ocupada" (Ontem ela me disse que hoje *estava* ocupada); "Ayer me dijo que mañana estaba ocupada" (Ontem ela me disse que amanhã *estava* ocupada).

Em português, em termos canônicos, caberia o emprego do futuro do pretérito nas duas últimas sentenças apresentadas, como em: *Ontem ela me disse que hoje estaria ocupada*; *Ontem ela me disse que amanhã estaria ocupada*. No entanto, não é incomum, sendo de uso corrente em algumas variedades do português, como é o caso da variedade europeia, o emprego do imperfeito nessas condições, o que valida também para o português tais considerações feitas por Doiz–Bienzobas para espanhol.

Para explicar, com base na estrutura do mundo, o contraste entre o pretérito perfeito e imperfeito, Doiz-Bienzobas (2002) retoma Goldsmith e Woisetschlaeger (1982), e Langacker (1991). Goldsmith e Woisetschlaeger (1982) argumentam haver duas maneiras diferentes de falar sobre o mundo. A primeira consiste na descrição do que acontece no mundo; a segunda, na descrição de como o mundo é e das coisas que podem acontecer. As duas correspondem a dois tipos de conhecimento: o fenomenal e o estrutural, respectivamente.

Langacker (1991), por sua vez, interpreta tal contraste como um reflexo de um modelo de mundo cognitivo idealizado: certas situações são manifestações diretas do modo como o mundo é e como se espera que funcione, enquanto outras são incidentais, isto é, surgem de maneira *ad hoc* a partir de circunstâncias particulares (Langacker, 1991: 264). Para fins de representação, Langacker (1991; 1999) faz distinção entre um plano real e um plano estrutural, que correspondem, respectivamente, ao conhecimento fenomenal e ao conhecimento estrutural. O plano real compreende instâncias de situações que são concebidas como realmente ocorrendo. Estão ancoradas na linha do tempo e, consequentemente, podem expressar uma situação passada ou uma situação com potencialidade futura. Por outro lado, o plano estrutural compreende instâncias de situações que caracterizam como o mundo é, mas que não têm nenhuma existência fora do plano estrutural. Essas instâncias de situações são arbitrárias e, de acordo com Langacker (1999: 251), são invocadas apenas para algum propósito local. Instâncias arbitrárias podem ser encontradas em numerosos fenômenos linguísticos, como em "Zelda quer comprar um casaco de pele", exemplo apresentado pelo autor.

Doiz-Bienzobas (2002) comenta tal exemplo, argumentando que, numa leitura específica, não há um casaco particular que Zelda queira comprar. Trata-se de uma instância arbitrária que é criada com o único propósito de se referir ao desejo de Zelda e, fora dele, não tem existência. Na mesma linha, eventos no plano estrutural são "instâncias arbitrárias invocadas apenas para fins de caracterização da estrutura do mundo" (Langacker 1999: 251). Assim sendo, tais "instâncias arbitrárias não estão ancoradas em nenhum ponto específico no tempo" (Doiz-Bienzobas, 2002: 313).

A partir desse entendimento, Doiz-Bienzobas postula que o papel do pretérito é incluir a situação a que se refere no plano real, ou seja, as situações descritas com pretérito perfeito são conceptualizadas como reais e situadas em um momento específico no passado. Distintamente, o papel do imperfeito é indicar que a situação que designa é interpretada no plano estrutural. Sentenças em que o imperfeito é utilizado designam um estado de coisas que não tem ligação direta com a linha do tempo e retrata a maneira como as coisas funcionam ou são no mundo (Doiz-Bienzobas, 2002).

Em resumo, de acordo com Doiz-Bienzobas (2002), o pretérito perfeito é um marcador de tempo passado; seu papel é incluir a situação que designa no plano real e localizá-la em um momento específico no passado. Em contraste, o papel do imperfeito é indicar que a situação que designa é interpretada no plano estrutural sem que qualquer relação temporal específica entre a situação e o *ground* seja declarada.

Isso posto, vamos deixar o passado para trás e seguir em direção ao futuro!

O tempo verbal futuro

Como já sabemos, sob a perspectiva canônica, são distinguidas três relações temporais e assumida a existência de três tempos básicos: passado, presente e futuro. O passado é descrito como o tempo da situação que precede o tempo do ato de fala. O presente, como o tempo da situação concomitante ao tempo do ato de fala, e o futuro, como o tempo da situação posterior ao tempo do ato de fala.

No que concerne ao futuro, como destacado anteriormente, não podemos prescindir de lidar com sua instabilidade, fluidez e com a complexidade das relações que mantém com a modalidade. Isso porque

> O futuro, como sabemos, diferentemente do passado e do presente, vivenciados por nós, não faz parte de nossas experiências. Qualquer alusão, portanto, que façamos ao futuro vem sempre intermediada de expectativas, suposições ou desejos. Conforme explica Meillet (1912), podemos nos referir objetivamente ao passado como fato ocorrido, mas não podemos falar objetivamente do que ainda vai acontecer. Em função disso, a noção de futuro estaria estreitamente relacionada à modalização, ou seja, associada à expressão de possibilidade, obrigação, permissão, necessidade e capacidade. Assim como Meillet, Coseriu (1957) também defende a relação entre a concepção de futuro e noções modalizadas enraizadas no presente como as de incerteza, desejo ou possibilidade, que não representam uma categoria ontológica objetiva. (Abraçado, Dias e Lima-Hernandes, 2015: 213)

Vale ainda ressaltar a postulação de outros autores acerca das formas futurizadas, entre as quais está a perífrase *ir + infinitivo*, que cada vez mais é utilizada, e sua relação com o tempo presente.

Para Imbs (1960), tais formas estão ligadas à noção de presente, enquanto o futuro do presente gramaticalizado, ou seja, o futuro sintético, refere-se a uma época quase autônoma, desligada do presente. Silva (2002) salienta que, para Fleischman (1982), as formas futurizadas são tempos verbais relativos ao presente psicológico do falante, e que, para Close (1977), há distinção entre o tempo futuro e as expressões futurizadas, uma vez que a distinção entre os dois "encontra-se no *ponto de interesse do falante ('speaker's point of primary concern'* = SPPC), que pode estar voltado para o presente ou para o futuro" (Silva, 2002: 107, grifos do autor). Assim sendo, como explica Silva, em *"He's going to leave tomorrow (Ele vai embora amanhã*), o SPPC encontra-se em T (momento presente), com a atenção voltada para o pós-presente (futuro)", enquanto em *"He will leave tomorrow (Ele irá embora amanhã)* o SPPC encontra-se no F (futuro)" (Silva, 2002: 107, grifos do autor).

Silva (2002) apresenta as figuras seguintes que, respectivamente, ilustram os dois casos por ele elencados:

Fig. 8 – SPPC em T

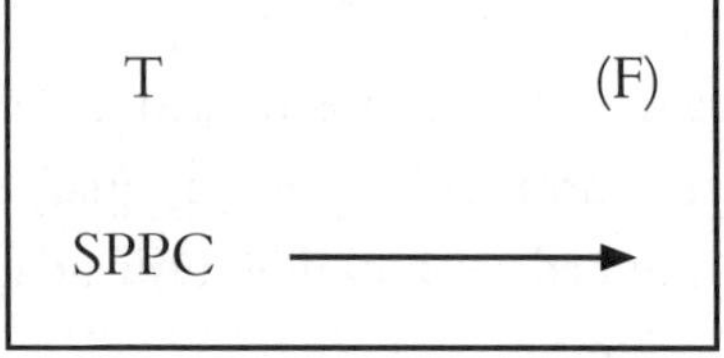

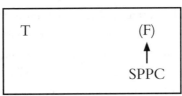

Fig. 9 – SPPC em F

A conclusão de Silva (2002) é a de que tais noções se relacionam à *relevância do presente* alegada por Fleischman (1982) e que corroboram a concepção de que as formas futurizadas são relativas ao presente psicológico do falante e, como o "futuro absoluto", situam o evento em um tempo posterior ao momento de fala.

Na mesma linha, Gonçalves (2013) nos conta que

> Comrie (1985) também defende a ideia de que as formas futurizadas são cooptadas do tempo presente. Além disso, para o autor, os únicos tempos verbais que se distinguem são o passado e o não passado. Para apresentar evidências a favor dessas ideias, Comrie mostra que, na maioria das línguas europeias, o tempo verbal futuro é uma categoria fraca ou secundária, ou seja, esse tempo é relegado a um segundo plano, sendo realizado, na maioria das vezes, pela forma do presente. (2013: 168)

Gonçalves (2013) conclui, então, que as propostas de Imbs (1960), Close (1977) e Comrie (1985), em maior ou menor grau,

> ecoam a noção de relevância do presente proposta por Fleischman (1982), reforçando a ideia de que as formas futurizadas são não só construções morfologicamente oriundas do tempo presente, nas quais o futuro é expresso por um auxiliar no presente e uma forma nominal do verbo, mas também tempos verbais relativos ao presente psicológico do falante. (2013: 168)

Outro aspecto relevante apontado por diversos estudiosos diz respeito à instabilidade característica do tempo futuro que, nas línguas românicas, verifica-se historicamente através da alternância entre formas simples e perifrásticas.

No português dos nossos dias, presenciamos a decadência, em termos de uso, do futuro sintético que, como já mencionamos, vem cedendo lugar à forma perifrástica formada pela combinação *verbo ir + infinitivo*. Tal fenômeno é denominado *Ciclo do Futuro* (Coseriu, 1977; Fleischman, 1982; Araújo, 2003). Gonçalves (2013) diz que

> No caso específico das formas verbais relacionadas à expressão da futuridade nas línguas românicas esse padrão cíclico é, de fato, atestado. Em latim vulgar, o tempo verbal futuro era formado a partir da forma compacta do verbo *habere*, no presente do indicativo, seguida de um verbo principal no infinitivo (*habeo + cantare*). Essa construção perifrástica

foi, contudo, substituída ao longo do tempo por meio de processos de gramaticalização que deram origem ao futuro sintético nas línguas românicas (*cantare habeo > cantare hei > chanterai > cantarei*). (2013: 165, grifos da autora)

Bybee, Pagliuca e Perkins (1991), com base em estudo tipológico das formas de futuro, asseveram que há três caminhos, independentes entre si, que possibilitam o desenvolvimento das formas de futuro cujos pontos de partida são: (i) formas aspectuais com a função principal de marcar imperfectividade e, em raríssimos casos, perfectividade, e que podem ser usadas para indicar tempo futuro; (ii) modalidades orientadas para o agente, como verbos ou construções com significados orientados para um agente, expressando *desejo* ou *obrigação* e, menos frequentemente, *habilidade*; (iii) verbos ou construções que assinalam movimento em direção a uma meta.

Em (iii), num processo de mudança por gramaticalização, vemos representados os primórdios da perífrase *ir + infinitivo*, muito utilizada no português contemporâneo. Langacker (2002) associa gramaticalização à subjetivação e explica o surgimento de formas como essa a partir de um processo de subjetivação. Considerando a análise de Langacker (2002) acerca do desenvolvimento do futuro em francês, vejamos um paralelo que corresponde ao fenômeno em português. Nas Figuras 10 (a) e (b) apresentadas a seguir, é utilizada a terminologia *trajector* (*tr*) e marco (*lm* de *landmark*) proposta por Langacker e inspirada em verbos prototípicos de ação, em que o *trajector* é geralmente o motor inicial ou primário, enquanto o marco refere-se à meta, ao alvo ou ao paciente da ação expressa pelo verbo. A assimetria trajector/marco, portanto, subjaz à distinção sujeito/objeto, embora os rótulos *trajector* e marco tenham aplicação consideravelmente mais ampla (Langacker, 1991).[3]

Figuras 10 (a) e (b) – processo de mudança por subjetivação

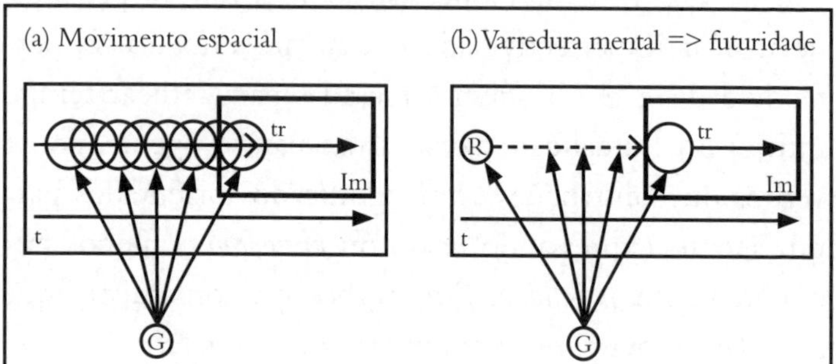

Fonte: adaptação de Langacker, 2002: 22.

Em (a) o *trajector* (sujeito do verbo "ir") move-se ao longo do tempo (t) através do espaço em direção a um marco (*lm*). Em (b) é representado o sentido de *ir + infinitivo* submetido à subjetivação em que a concepção de movimento através do espaço desaparece e o que resta, originalmente, imanente nesta concepção é a varredura mental do conceptualizador ao longo do tempo até o momento do processo referido. Ao rastrear subjetivamente esse percurso, o conceptualizador situa o processo expresso no infinitivo ("ficar em casa") em relação a um ponto de referência (R) temporal (Langacker, 2002: 23). Vamos às palavras esclarecedoras de Soares da Silva sobre o fenômeno:

> A mudança aqui presente consiste no fato de já não se tratar de um movimento espacial do sujeito do verbo *ir*, objetivamente descrito por um conceptualizador que se posiciona fora da situação, mas de um movimento mental e temporal do próprio conceptualizador para situar o processo expresso no infinitivo em relação ao tempo de referência [...]. O sentido de "futuro" resulta quando a ideia de movimento espacial se desvanece, o que traz consigo uma atenuação do papel do sujeito de *ir* (o *trajector* de toda a construção): este deixa de ser construído como movendo-se e até a própria ideia de intenção do sujeito pode desaparecer (em construções com o sentido projecional, como em "Vai chover"). O que permanece é o movimento subjetivo do conceptualizador ao longo do tempo, o qual estava imanente na concepção do movimento objetivo do sujeito de *ir* ao longo do espaço. (Inédito: 301)

Fruto desse processo de mudança, a forma perifrástica *ir* + *infinitivo* tem se firmado como principal meio de expressão do futuro no português. Diversos estudos têm

chamado a atenção para o fato de a forma perifrástica *ir +
infinitivo* e do presente com valor de futuro serem as mais
frequentes no português falado (cf. Silva, 1997), entre outros). Não obstante, Barbosa (2007: 47) demonstrou, em
pesquisa sobre a expressão do futuro na modalidade escrita,
que as formas sintéticas de futuro não somente ocorrem,
como também predominam na modalidade estudada.

Resultados semelhantes foram encontrados em análise de manchetes e lides de jornais on-line brasileiros,
portugueses, angolanos, cabo-verdianos, moçambicanos,
guineenses e santomenses (Abraçado, 2018). A observa-
ção dos percentuais de ocorrência relativos ao emprego
do futuro sintético, do futuro perifrástico (*ir* + infinitivo) e do presente indicando futuridade, revelou haver uso
considerável do futuro sintético em todas as variedades,
excetuando-se a variedade portuguesa, em que as ocorrências do futuro sintético representam 17% contra 55%
do futuro perifrástico e 28% do presente. Inversamente,
coube à variedade brasileira a posição de destaque com
68% de ocorrências do futuro sintético contra 20% do
futuro perifrástico e 13% do presente. Os resultados encontrados também evidenciam que o emprego do tempo
verbal presente em referência a situações futuras é favo-
recido no caso de eventos programados cujas realizações
estão previstas para um futuro próximo. Em relação às
duas outras formas de expressão do futuro, indicam os
resultados que o emprego do futuro sintético é desfavore-
cido em situações em que há o controle do sujeito sobre

a atividade verbal. Diferentemente, o futuro perifrástico é amplamente utilizado, não havendo restrições solidamente definidas em relação ao seu emprego. No que tange ao grau de certeza epistêmica, observou-se uma gradação de mais para menos na utilização das três formas: tempo verbal presente> futuro perifrástico> futuro sintético.

Outra consideração importante a ser feita, nos termos de Langacker (2003), pertinente ao uso do presente em referência ao futuro é a de que se observa, neste caso, uma situação de subjetivação, sendo que, desta feita, tem-se um fenômeno de subjetivação extrema.

Soares da Silva, tomando como base exemplo por ele mesmo apresentado ((15.a) *O meu amigo chega na próxima semana*), diz que

> Um enunciado como (15a) descreve, não um evento atual, mas um evento *virtual*, isto é, o processo perfilado não é o da chegada, mas o da sua *representação num programa virtual*; por outras palavras, o processo perfilado é um plano ou projeção relativa à ocorrência antecipada de eventos na atualidade futura ("futuro programado") [...]. A representação mental do evento descrito em (15a) coincide com o tempo do ato de fala, mas a sua ocorrência na realidade é projetada no futuro. Além disso, o uso do presente indica a "certeza" do locutor na situação futura. Normalmente conceptualizado como incerto, o futuro é aqui construído como certo. (Inédito: 302, grifos do autor)

Vejamos agora, devidamente exemplificadas, referências a eventos futuros feitas por meio das diferentes formas disponíveis em português. Comecemos pelo futuro do presente:

(37) Futuro sintético
A estrela Betelgeuse *virará* uma supernova...
Canaltech – 24 dez. 2019 – Betelgeuse, uma das estrelas mais brilhantes do céu noturno, faz parte da constelação de Orion – ela compõe o "ombro" do caçador...

(Fonte: https://canaltech.com.br/espaco/a-estrela-betelgeuse-virara-uma-supernova-mas-isso-nao-vai-acontecer-tao-cedo-158430/. Acesso em: 24 dez. 2019.)

(38) Futuro perifrástico
Previdência *vai acabar*
UOL – 2 jan. 2020 – Não *vai existir* aposentadoria pública para quem nasceu depois dos anos 80, diz chefe da DogHero... ele aposta que a discussão sobre a Previdência pública deverá ser retomada daqui a uns cinco anos...

(Fonte: https://economia.uol.com.br/reportagens-especiais/entrevista-uol-lideres-doghero-eduardo-baer-/#tematico-1?cmpid=copiaecola. Acesso em: 2 jan. 2020.)

(39) Presente indicando futuridade
TAP reorganiza voos e passageiros *viajam* amanhã...
DN – 4 dez. 2019 – ... foram cancelados os voos de hoje a partir das 19:00 e até ao final do dia, tendo os passageiros sido transferidos para voos de amanhã...

(Fonte: https://www.dnoticias.pt/casos-do-dia/tap-reorganiza-voos-e-passageiros-viajam-amanha-para-a-madeira-BM5529245#. Acesso em: 4 dez. 2019.)

Os exemplos a seguir ilustram usos do futuro do pretérito. Como já mencionamos, é comum, em contextos próprios do futuro do pretérito, o emprego do pretérito imperfeito como ilustrado em (41).

(40) Futuro do pretérito
Modo escuro do Whatsapp
estaria **prestes a ser lançado para**...
TecMundo – 6 ago. 2019 – Há tempos prometido – e aguardado – O modo escuro do Whatsapp é um desejo de grande parcela dos usuários...
Modo escuro do Whatsapp *estaria* prestes a ser lançado para Android e...
(Fonte: https://www.tecmundo.com.br/software/144606-modo-escuro-whatsapp-prestes-lancado-android-ios.htm. Acesso em: 6 ago. 2019.)

(41) Pretérito imperfeito em contexto de futuro do pretérito
"Sérgio Conceição é a pessoa certa
para carregar o ADN do FC Porto"
O Jogo – 24 dez. 2019 – A mentalidade que o treinador injetou foi crucial para a conquista de um título no qual o ala *gostava* de ter sido mais importante. Não foi, mas...
(Fonte: https://www.ojogo.pt/futebol/1a-liga/porto/noticias/sergio-conceicao-e-a-pessoa-certa-para-carregar-o-adn-do-fc-porto-11650669.html. Acesso em: 24 dez. 2019.)

No modo subjuntivo, temos o futuro do subjuntivo e futuro composto do subjuntivo. Antes de apresentarmos exemplos referentes a essas duas formas de expressão do futuro, cumpre destacar que o futuro do subjuntivo, assim como o caso já mencionado do infinitivo flexiona-do, constitui uma particularidade do português.[4] A esse respeito, Ilari e Basso (2009) dizem que

> o paradigma de conjugação dos verbos portugueses inclui, como se sabe, alguns "tempos" que inexistem nas outras línguas latinas, entre eles o futuro do subjuntivo (*se eu fizer, quando eu puder*) e o infinitivo flexionado (*trouxe o carro para nós consertarmos*). (2009: 100)

Vamos aos exemplos:

(42) Futuro do subjuntivo

Casal que *tiver* filho homem
vai ser premiado na Polônia

DM.com.br – 3 ago. 2019 – O prefeito de uma pequena cidade do sul da Polônia, depois de quase uma década sem haver registro de nascimento de meninos na cidade, resolveu premiar o primeiro casal que der a luz a um bebê do sexo masculino...

(Fonte: https://www.dm.com.br/cotidiano/2019/08/casal-que-tiver-filho-homem-vai-ser-premiado-na-polonia/. Acesso em: 3 ago. 2019.)

(43) Futuro composto do subjuntivo
**Comprou produto no exterior
e deu defeito no Brasil?...**
Focus.Jor (liberação de imprensa) – 7 dez. 2019 – ... a garantia de produtos comprados fora do Brasil somente terá validade se o consumidor *tiver garantido* esse serviço junto com o produto.

(Fonte: https://www.focus.jor.br/comprou-produto-no-exterior-e-deu-defeito-no-brasil-cortez-responde/. Acesso em: 7 dez. 2019.)

Como vimos, diferentemente do presente e do passado, o futuro nos remete a uma realidade potencial, não conhecida, e, em função disso, a referência a situações futuras está inerentemente relacionada à avaliação epistêmica que envolve graus de certeza em relação à realização da situação em questão. Assim sendo, no modo indicativo, ou seja, no modo *realis*, as três formas verbais normalmente empregadas em referência a situações futuras no português (presente, futuro perifrástico (*ir* + *infinitivo*) e futuro sintético) são utilizadas de acordo com o grau de certeza do falante relativamente à situação futura a que se refere: a primeira, que tende a ser empregada em referência ao futuro imediato, denota um grau de certeza elevado; a segunda, que é amplamente utilizada, não havendo restrições solidamente definidas em relação ao seu emprego, denota um grau de certeza menos elevado do que a primeira; a terceira, que tende a ser utilizada em referência ao futuro não próximo, é a que expressa menor grau de certeza em relação à realização da situação referida.

Notas

[1] Exemplos do autor.

[2] Os planos figura e fundo estão diretamente relacionados à psicologia da *Gestalt*. Koffka (1975) descreve o plano ambiental como sendo duplamente organizado. Isto é: possui um plano de relevo (*figura*), onde se destacam alguns elementos percebidos como mais salientes, e possui um plano de moldura (*fundo*), caracterizado como neutro em relação ao primeiro. Entre esses dois planos, há uma relação de dependência funcional, na medida em que a figura depende do fundo, que lhe serve de suporte.

[3] Ver Langacker (1991) para mais informações.

[4] Moraes et. al. notificam que Comrie e Holmback (1984) mencionam a existência do futuro do subjuntivo no espanhol, mas qualificam seu uso como "decididamente arcaico" (Comrie e Holmback, 1984: 213).

CONSIDERAÇÕES FINAIS

E assim chegamos ao final da nossa viagem, em que buscamos conhecer o tempo em suas diversas facetas. Vimos que o tempo é um objeto de estudo fascinante e desafiador e que há muito se tenta apreendê-lo e explicá-lo, como é o caso de alguns filósofos que encontramos em nosso caminho:

- Platão e sua associação entre tempo e mudança, em contraponto à 'eternidade' que é atemporal e é caracterizada pela imutabilidade.
- Aristóteles e sua concepção de que o tempo é passível de divisão, sendo composto de passado e futuro: o passado como o que já foi e não é mais e não pode tornar a ser; o futuro como instância do tempo que ainda não é; e o presente como aquilo que ainda não é e ainda não foi.

- McTaggart e seu entendimento de que nossa percepção do tempo é uma ilusão e que o tempo é meramente ideal.
- Plotino, para quem existem três tempos: o presente atual (já pertencente ao passado), o presente do passado (designado memória) e o presente do futuro (apenas imaginado por nossa esperança ou nosso medo).
- Santo Agostinho e sua postulação, sob o viés religioso, de que o *tempo* passou a existir no momento da criação, pois não haveria sentido pensarmos em 'antes' onde não havia tempo. E, por fim, sua pergunta "O que é o tempo?", que também é de todos nós.

Passamos pelo nascimento da ciência moderna, em que o tempo tornou-se objeto de estudo da Matemática e da Física, e nos deparamos com alguns personagens marcantes:

- Galileu, cuja influência foi decisiva na superação da "Física aristotélica", por inaugurar a descrição dos movimentos terrestres a partir das ideias de relatividade dos movimentos, movimento compartilhado e composição de movimentos.
- Newton, que elevou o tempo à categoria de um absoluto, separando-o de sua medida. Sob a ótica de Newton, quer as coisas se movam ou estejam paradas, quer durmamos ou estejamos despertos, o tempo segue a natureza uniforme de seu curso.

CONSIDERAÇÕES FINAIS

- Einstein, que, com seus postulados, revolucionou a noção de tempo: (i) quebrou o paradigma da mecânica de Newton, ao afirmar que as leis da Física são as mesmas em qualquer referencial inercial, não existindo, por conseguinte, um referencial absoluto; (ii) constatou que a velocidade da luz, que se propaga no vácuo, é a mesma em qualquer referencial inercial e em qualquer direção; e (iii) relativizou o tempo físico.

Ingressando na seara do tempo linguístico, nos defrontamos com Reichenbach, o primeiro estudioso a dar uma interpretação temporal às línguas naturais. Ficamos sabendo que Reichenbach realizou o estudo dos *tempora* verbais construídos em torno de três pontos temporais: momento do evento, momento da fala e sistema de referência.

Visitamos também os diversos meios de manifestação do tempo linguístico nas línguas, como o tempo verbal, o aspecto, adverbiais de tempo etc., e paramos para conhecer mais detalhadamente o tempo verbal. Chamaram nossa atenção as inter-relações entre o tempo verbal, o aspecto e o modo verbais e, ainda, algumas características particulares dos tempos verbais presente, passado e futuro:

- O tempo verbal presente e a possibilidade de se referir tanto ao presente quanto ao passado e ao futuro.
- O pretérito perfeito, sua natureza de marcador de tempo passado e seu papel de localizador da situação que designa no plano da realidade factual.

- As formas de referência ao tempo futuro e sua relação intrínseca com a avalição epistêmica que envolve graus de certeza do falante, no que diz respeito à realização do evento referido.

Em tal ponto, concluímos nosso percurso, ou seja, nossa viagem através do tempo. Ao longo do caminho que percorremos, além de nos encantar, pudemos constatar a complexidade que envolve a noção de tempo e, particularmente, a noção de tempo linguístico, em cujo âmago encontra-se o tempo verbal, que não se submete às leis da Física. E então terminamos nossa viagem com o sentimento de que tudo que sabemos ainda é pouco e que há muito mais a ser destrinchado, desvelado e esclarecido sobre o tempo.

Contudo, encontramos consolo na certeza de que, conforme observamos, apesar da fluidez inerente à noção de tempo, graças aos recursos que as línguas nos oferecem, temos a prerrogativa de podermos falar sobre o tempo sob diferentes perspectivas e das mais variadas formas possíveis.

Sabemos que o tempo é inapreensível, mas sabemos também que a linguagem, somente a linguagem, é capaz de nos permitir lidar com tamanha fluidez e até mesmo transgredi-la. No âmbito da linguagem, somos senhores do tempo, vamos e voltamos no tempo, criamos camadas e intervalos de tempo, expandimos e estreitamos o tempo a nosso bel-prazer... Enfim, no domínio da linguagem, o tempo está em nossas mãos!

EXERCÍCIOS

1. Explique as seguintes passagens:
    a. "[...] embora o tempo seja objeto de estudo da Filosofia, da Física e da Linguística, não há como afirmar inconteste que as três vertentes estejam estudando exatamente a mesma entidade".
    b. "[...] a complexidade observada nos enunciados que produzimos, e inerente à própria noção de tempo, sugere que a compreensão do que vem a ser o tempo linguístico não está nos enunciados produzidos propriamente ditos, mas na cognição humana".

2. Em que se baseia o modelo proposto por Reichenbach (1948) para a descrição do tempo linguístico? Por que tal modelo, segundo Binnick (apud Silva, 2002), seria inadequado?

O TEMPO, O TEMPO LINGUÍSTICO E O TEMPO VERBAL

3. Por que o tempo, tal como o concebemos através da linguagem, é de natureza dêitica?

4. Em sua teoria da enunciação, como Benveniste (1989) explica o tempo?

5. Langacker (1991), num viés cognitivista, aborda o tempo linguístico através de *modelos cognitivos da realidade*. Explique o que vem a ser *realidade básica* e *realidade elaborada* nos termos deste autor.

6. Como Langacker (1991) e Brisard (2002) defendem e explicam o emprego do tempo verbal presente em referência ao próprio tempo presente, ao passado e ao futuro?

7. Explique por que a relação do tempo passado com a realidade imediata esbarra num contraste aspectual entre perfectividade e imperfectividade.

8. Em que se fundamenta a afirmação de que o pretérito perfeito possui a natureza de marcador de tempo passado e o papel de localizador da situação que designa no plano da realidade factual?

9. Por que são estreitas as relações entre tempo futuro e modalidade?

10. Por que o tempo futuro é caracterizado como instável?

BIBLIOGRAFIA

ABRAÇADO, Jussara. *A expressão do futuro nas variedades do português de Portugal, Brasil, Angola, Cabo Verde, Moçambique, Guiné-Bissau e São Tomé e Príncipe*. Palestra proferida no III Seminário de estudos sobre o português em uso promovido pelo Núcleo de Estudos Linguísticos sobre o Português em Uso - PorUs, Universidade Federal Fluminense, 2018.

_____; DIAS, Nilza Barrozo; LIMA-HERNANDES, Maria Célia. A futuridade e sua expressão linguística na interação humana. In: RESENDE, Briseida Dôgo et al. *Linguagem e cognição:* um diálogo interdisciplinar. Lecce: Pensa MultiMedia, 2015.

_____; SILVA, Caroline Soares da. Manchetes de jornais on-line: grau de transitividade e emprego do presente do indicativo em referência ao passado recente. *Confluência*, n. 46, 1º semestre de 2014, Rio de Janeiro, pp. 221-250.

_____; SOUZA, Melina. A projeção do tempo futuro em frames de finalidade. In: DIAS, Nilza Barrozo; ABRAÇADO, Jussara. *Estudos sobre o português em uso*. Uberlândia: Editora Pangeia, no prelo.

ARAÚJO, R. C. O ciclo do futuro nas línguas ibero-românicas. *Cadernos Congresso Nacional de Linguística e Filologia*, Rio de Janeiro, n. 4, 2003. Disponível em: <www.filologia.org.br/viicnlf/anais/caderno 04-10.html-101k>. Acesso em: 10 de jan. 2012.

ARISTÓTELES. *De Anima*. Tradução integral direta do grego, ensaio introdutório, sumário analítico, léxico, bibliografia e notas de Maria Cecília Gomes dos Reis. São Paulo: Editora 34, 2006.

O TEMPO, O TEMPO LINGUÍSTICO E O TEMPO VERBAL

AZEREDO, José Carlos. *Gramática Houaiss da língua portuguesa*. 2. ed. Rio de Janeiro: Publifolha, 2008.

BAGNO, Marcos. *Gramática pedagógica do português brasileiro*. São Paulo: Parábola, 2011.

BARBOSA, Juliana Bertucci. A expressão do futuro no português brasileiro contemporâneo. *Revista Eletrônica do Instituto de Humanidades da UNIGRANRIO*, v. VI, n. XXIII, out.-dez. 2007, pp.42-50.

BECHARA, Evanildo. *Gramática normativa da língua portuguesa*. Rio de Janeiro: José Olympio, 2006.

_____. *Moderna gramática portuguesa*. Rio de Janeiro: Nova Fronteira, 2011.

BENVENISTE, Émile. *Problèmes de linguistique générale*. Paris: Gallimard, t. 2, 1974.

_____. A linguagem e a experiência humana. *Problemas de Linguística Geral II*. Campinas: Pontes, 1989, pp. 68-80.

BORGES, Jorge Luis. *Borges Oral*. 2. ed. Barcelona: Bruguera, 1980.

BRISARD, Frank. The English present. BRISARD, Frank (Ed.). *Grounding*: The Epistemic Footing of Deixis and Reference. Berlin/New York: Mouton de Gruyter, 2002, pp. 251-297.

BRUTON, Eric. *The History of Clocks and Watches*. London: Black Cat, 1993.

BYBEE, J. *Morphology*: A study of the Relation between Meaning and Form. Amsterdam, Philadelphia: John Benjamins, 1985.

BYBEE, Joan; PAGLIUCA, William; PERKINS, Revere D. Back to the Future. In: TRAUGOTT, Elizabeth Closs; HEINE, Bernd. *Approaches to Grammaticalization*. v. II. Focus on Types of Grammatical Markers. Amsterdam: John Benjamins, 1991.

_____; _____; _____. *The Evolution of Grammar*: Tense, Aspect, and Modality in the Languages of the World. Chicago/London: University of Chicago Press, 1994.

CASTILHO, Ataliba Teixeira de. *Nova gramática do português brasileiro*. São Paulo: Contexto, 2010.

CLOSE, R. A. Some Observations on the Meaning and Function of Verb Phrases Having Future Reference. In: BALD, Wolf-Dietrich; ILSON, Robert (Eds.). *Studies in English Usage*: The Resources of a Present-day English *Corpus* for Linguistic Analysis. Frankfurt: Peter Lang, 1977, pp. 125-156.

COAN, Márluce. *Anterioridade a um ponto de referência passado*: pretérito (mais que) perfeito. Santa Catarina, 1997. Dissertação (Mestrado) – Universidade Federal de Santa Catarina.

_____ et al. As categorias verbais tempo, aspecto, modalidade e referência: pressupostos teóricos para uma análise semântico-discursiva. *Estudos Linguísticos XXXV*, 2006, pp. 1463-1472.

CORÔA, Maria Luiza Monteiro Sales. *O tempo no português*: uma introdução à sua interpretação semântica. São Paulo: Parábola, 2005.

COMRIE, B. *Aspect*. Cambridge: Cambridge University Press, 1981.

_____. *Tense*. Cambridge: Cambridge University Press, 1990.

_____; HOLMBACK, H. The Future Subjunctive in Portuguese: A Problem in Semantic Theory. *Lingua*, n. 63, 1984, pp. 213-253.

COSERIU, E. Sobre el futuro romance. *Revista Brasileira de Filologia* 3, 1957, pp. 1-19.

_____; *Estudos de Linguística Románica*. Madrid: Gredos, 1977.

BIBLIOGRAFIA

CUNHA, Celso. *Gramática da língua portuguesa*. 2. ed. Rio de Janeiro: Fename, 1975.

_____; CINTRA, L. *Nova gramática do português contemporâneo*. 2. ed. Rio de Janeiro: Nova Fronteira, 1985.

DOIZ-BIENZOBAS, Aintzane. The Preterit and the Imperfect as Grounding Predications. In: BRISARD, Frank (Ed.) *Grounding:* The Epistemic Footing of Deixis and Reference. Berlin: Mouton de Gruyter, 2002, pp. 299-347.

DUARTE, Maria Eugenia Lammoglia. A expressão da modalidade deôntica e epistêmica na fala e na escrita e o padrão SV. *Revista do GELNE*, Natal/RN, v. 14, número especial, 2012, pp. 77-94.

FATORI, Marcos José. *Um estudo semântico-discursivo sobre o emprego do presente do indicativo no português do Brasil*. 2010. Tese (Doutorado) – Universidade Estadual Paulista Júlio de Mesquita Filho – UNESP.

FIORIN, J. L. *As astúcias da enunciação*. São Paulo: Ática, 1996.

_____. Uma teoria da enunciação: Benveniste e Greimas. *Revista Gragoatá*, v. 22, n. 44, 2017, pp. 970-85.

FLEISCHMAN, SUZANNE. *The Future in Thought and Language*. New York: Cambridge University Press, 1982.

FREITAG, Raquel Meister Ko. *A expressão do passado imperfectivo no português*: variação/gramaticalização e mudança. Santa Catarina, 2007. Tese (Doutorado) – Universidade Federal de Santa Catarina.

FONSECA, Fernanda I. Dêixis e pragmática linguística. In: FARIA, Isabel Hub et al (Orgs.). *Introdução à linguística geral e portuguesa*. Lisboa: Caminhos, 1996, pp. 437-445.

GIVÓN, Talmy. Tense-Aspect-Modality. *Syntax:* A Functional Typological Introduction. Amsterdam/Philadelphia: J. Benjamins, 1984, v. 1.

_____. Verbal Inflections: Tense, Aspect, Modality and Negation. *English Grammar: A Functional-based Introduction*. Amsterdam/Philadelphia: J. Benjamins, 1993, v. 1 e 2.

_____. *Functionalism and Grammar*. Amsterdam/Philadelphia: John Benjamins, 1995.

GONÇALVES, Alcione. *O analitismo verbal e a expressão do futuro no português brasileiro*: um estudo diacrônico. Belo Horizonte, 2013. Tese (Doutorado) – Faculdade de Letras da Universidade Federal de Minas Gerais.

GOLDSMITH, John; WOISETSCHLAEGER, Erich. The Logic of the English Progressive. *Linguistic Inquiry* 13, 1982, pp. 79-89.

IAGALLO, Patricia Ormastroni. *O tempo e a linguagem*. 2010. Dissertação (Mestrado) – Faculdade de Ciências e Letras da Universidade Estadual Paulista Júlio de Mesquita Filho – UNESP.

ILARI, R.; BASSO, R. *O português da gente:* a língua que estudamos, a língua que falamos. São Paulo: Contexto, 2009.

IMBS, Paul. *L'Emploi des temps verbaux en français moderne*. Paris: Librairie C. Klincksieck, 1960.

KLEIN, Wolfgang. Concepts of Time. In: KLEIN, Wolfgang; LI, Ping (Eds.). *The Expression of Time*. Berlin: Mouton de Gruyter, 2009a, pp. 5-38.

_____. How Time Is Encoded. In: KLEIN, Wolfgang; LI, Ping (Eds.). *The Expression of Time*. Berlin: Mouton de Gruyter, 2009b, pp. 40-81.

KOFFKA, K. *Princípios da psicologia da Gestalt*. São Paulo: Cultrix, 1975.

LANDES, David S. *Revolution in Time*. Cambridge, Massachusetts: Harvard University Press, 1983.

LANGACKER, Ronald W. *Foundation of Cognitive Grammar*. Volume II: Descriptive Aplication. California: Stanford University Press, 1991.

_____. Losing Control: Grammaticization, Subjectification, and Transparency. In: BLANK, Andreas; KOCH, Peter (Eds.), *Historical Semantics and Cognition*. Berlin: Mouton de Gruyter, 1999, pp. 147-175.

_____. The English Present Tense. *English Language and Linguistics* 5: 251-272, 2002.

_____. Extreme Subjectification: English Tense and Modals. In: CUYCKENS, Hubert et al. (Eds.). *Motivation in Language:* Studies in honor of Günter Radden. Amsterdam: John Benjamins, 2003, pp. 3-26.

LYONS, J. *Introdução à teoria linguística*. São Paulo: Ed. Nacional, 1971.

_____. *Semantics*. Cambridge: Cambridge University Press, 1977.

MARÇALO, M. J.; LIMA-HERNANDES, M. C. (Eds.). *Língua portuguesa*: ultrapassar fronteiras, juntar culturas. Évora: Universidade de Évora, 2010.

MARTINS, André Ferrer Pinto. *Concepções de estudantes acerca do conceito de tempo:* uma análise à luz da epistemologia de Gaston Bachelard. São Paulo, 2004. Tese (Doutorado) – Faculdade de Educação, Universidade de São Paulo.

MATEUS, Maria Helena Mira et al. *Gramática da língua portuguesa*. Coimbra: Almedina, 1983.

MEILLET, Antoine. L'Évolution des formes grammaticales. *Linguistique historique et linguistic générale*. Paris: Champion, 1912, pp. 130-148.

MORAES, Gisele Benck de; DUTRA, Eduardo de Oliveira; SIMIONI, Taíse. A aprendizagem do presente do subjuntivo do espanhol em orações temporais com *cuando* por universitários brasileiros: os efeitos da intervenção instrucional na redução de transferência linguística. *Trabalhos em Linguística Aplicada*. Campinas, n° 57/1, jan./abr. 2018, pp. 467-491.

NEVES, Maria Helena de Moura. *Gramática do português revelada em textos*. São Paulo: Unesp, 2018.

NUNES, Benedito. *O tempo na narrativa*. 2. ed. São Paulo: Ática, 1995.

PERINI, Mário A. *Gramática do português brasileiro*. São Paulo: Parábola, 2010.

PIETTRE, Bernard. *Filosofia e ciência do tempo*. Trad. Maria Antonia Pires C. Figueiredo. Bauru: EDUSC, 1997.

REICHENBACH, H. *Elements of Symbolic Logic*. New York: The MacMillan Company, 1948.

REIS, JOSÉ. Estudos sobre o tempo. *Revista Filosófica de Coimbra*, n. 9, 1996, pp. 143-203.

RICHARDS, Edward G. *Mapping Time, The Calendar and Its History*. Oxford: Oxford University Press, 1998.

ROCHA LIMA, Carlos Henrique da. *Gramática normativa da língua portuguesa*. 49. ed. Rio de Janeiro: José Olympio, 2007.

SAID ALI, M. *Gramática secundária da língua portuguesa*. 8. ed. São Paulo: Melhoramentos, 1969.

BIBLIOGRAFIA

SILVA, Ademar. *A expressão da futuridade no português falado*. Araraquara: UNESP, FCL, Laboratório Editorial/São Paulo: Cultura Acadêmica Editora, 2002.

_____. *A expressão da futuridade na língua falada*. Campinas, 1997. Tese (Doutorado) – Campinas, Unicamp, 1997.

SOARES DA SILVA, Augusto. *O significado na linguagem e na mente*: uma introdução à Semântica. Braga: Universidade Católica Portuguesa, 320 páginas (inédito).

SOUZA; Melina; ABRAÇADO, Jussara. A projeção do tempo futuro em frames de finalidade. Inédito. In: DIAS, Nilza; ABRAÇADO, Jussara (Orgs.). *Estudos sobre o português em uso*. Universidade Federal Fluminense (inédito).

SWEETSER, Eve. Modality. *From Etymology to Pragmatics*: Methaphorical and Cultural Aspects of Semantic Structures. Cambridge University Press, 1990, pp. 49-75.

WHITROW. G. J. *O tempo na história*: concepções sobre o tempo da pré-história aos nossos dias. Rio de Janeiro: Jorge Zahar, 1993.

A AUTORA

Jussara Abraçado é professora titular de Linguística da Universidade Federal Fluminense. Mestre em Linguística pela Universidade Federal de Minas Gerais, doutora em Linguística pela Universidade Federal do Rio de Janeiro. É pesquisadora do CNPq e membro do Grupo de Investigação "Linguagem, cognição e sociedade", cadastrado na Fundação para Ciência e Tecnologia (FCT) de Portugal. Desenvolve estudos na área de Linguística, com ênfase na interface teórica entre a Sociolinguística e a Linguística Cognitiva, atuando principalmente nos seguintes temas: tempo e modalidade, construções de voz, ordem de palavras e (inter)subjetividade.

GRÁFICA PAYM
Tel. [11] 4392-3344
paym@graficapaym.com.br